Barbara Maria Mutschler

Grenzland

Dem großen Leben voll Dankbarkeit

Für

Uschi, Conny, Stephan

und Anton

Barbara Maria Mutschler

Grenzland

Individuation im Sterbeprozess

Bibliografische Information der Deutschen Nationalbibliothek: Die Deutsche Nationalbibliothek verzeichnet diese Publikation in der Deutschen Nationalbibliografie; detaillierte bibliografische Daten sind im Internet über dnb.dnb.de abrufbar.

Die automatisierte Analyse des Werkes, um daraus Informationen insbesondere über Muster, Trends und Korrelationen gemäß §44b UrhG („Text und Data Mining") zu gewinnen, ist untersagt.

Verlag: BoD · Books on Demand GmbH, In de Tarpen 42, 22848 Norderstedt".

Druck: Libri Plureos GmbH, Friedensallee 273, 22763 Hamburg"

Rütte 2024

Umschlaggestaltung: Louise Oldenbourg

Bild auf der Umschlagvorderseite: Louise Oldenbourg

ISBN: 978-3-7597-7970-0

Inhaltsverzeichnis

Ihr möchtet das Geheimnis des Todes kennenlernen.
Aber wie werdet ihr es finden,
wenn ihr es nicht im Herzen des Lebens sucht?

Khalil Gibran

Danksagung

Auch wenn dieses Buch in weiten Teilen „im stillen Kämmerlein" entstanden ist, gibt es doch einige Menschen, denen ich danken möchte: Da sind zuerst einmal meine Kolleginnen aus dem Hospiz, mit denen es einen Austausch gab, die mehr oder weniger verstanden, was mich beschäftigte. Unter ihnen möchte ich besonders Maria, Gabriele und Anna hervorheben, weil sie mir den Eindruck vermittelten, dass sie um ähnliche Themen kreisten wie ich. Danken möchte ich auch den mittlerweile Verstorbenen und ihren Angehörigen, die mir ihr Vertrauen entgegenbrachten.

Barbara Bänziger, Regina Brinkmann und Josef Robrecht brachten wichtige Rückmeldungen nach einem ersten Entwurf des Buches ein. Der Hartnäckigkeit und Genauigkeit von Peter Oechsle verdanke ich eine Präzisierung, der ich ohne ihn wohl aus dem Weg gegangen wäre. So wurde er mir zu einem wichtigen Lektor. Er und Regula Bühlmann haben viel Zeit investiert. Ohne Regula wäre das Buch wohl nicht so, wie es ist. Ihre Zusicherung, das Buch zu verlegen, gab mir den Freiraum zum Denken und Schreiben. Am Ende hat sie mit mir an verschiedenen Stellen um Verständnis und Formulierungen gerungen und alles zusammengeführt zu dem, was Sie nun in Händen halten.

Rütte, den 21. Juli 2012

Barbara Maria Mutschler

Die verschlossene Tür

Ende 2010 hatte ich die Gelegenheit, als Teilnehmerin einer Zengruppe Japan zu besuchen. Der Weg führte uns auch zum Ise-Schrein, einem der wohl bekanntesten Shinto-Heiligtümer Japans. Zunächst gingen wir über eine Brücke, dann eine lange Zeit durch einen Wald von mächtigen Bäumen. Am Ende des Weges führte eine große, breite Treppe nach oben und ich musste an die Treppe der Kirche Maria Regina Martyrum in Berlin-Charlottenburg denken, hineingenommen in ein Gefühl von Andacht und Erwartung eines großen Geheimnisses. Oben war der Blick frei auf ein großes, mächtiges Tor vor einem ummauerten Bezirk, von dessen Querbalken drei majestätische weiße Stoffbahnen hingen. Vor dem Tor verbeugte ich mich dem Ritual entsprechend und klatschte zweimal in die Hände. Ich wurde Zeuge, wie sich die Tücher sanft im Wind bewegten, dann ganz hoch gehoben wurden und den Blick frei gaben auf einen Innenbezirk, an dessen Ende der eigentliche Schrein stand, in westlichen Augen ein kleines Haus mit einer verschlossenen Tür.

Die verschlossene Tür. Mit solcher Macht überkam mich plötzlich das Verständnis der verschlossenen Tür, die das Geheimnis verbirgt. Immer ist es die verborgene, verschlossene oder die verbotene Tür, die uns fast zwingt, uns ihr zu nähern und sie zu öffnen.

Wann fing sie eigentlich an, diese Frage nach dem Tod? Wie war der Weg bis zu der Stelle, an der ich jetzt stehe? Und bei dieser Frage ist mir bewusst, dass gerade diese Stelle schon nicht mehr die gleiche sein wird, wenn dieses Buch gedruckt vorliegt. Aber es heißt zu beginnen.

Als ich etwa sechs Jahre alt war, lebte ich mit meinen Eltern und Geschwistern in einem winzigen Dorf im Taunus. Es gab einen Friedhof, der, von einer hohen Mauer umgeben, ein gutes Stück außerhalb des Dorfes war. Ein- oder zweimal ging mein Vater zu einer Beerdigung – im schwarzen Anzug. Ich erinnere mich auch, dass es einmal ein Problem gab, denn, soviel hatte ich mitbekommen, der Verstorbene hatte sich selbst umgebracht. Ich hörte Diskussionen, ob er denn überhaupt innerhalb der Friedhofsmauern begraben werden durfte.

Es gab immer ein Geheimnis um den Tod. Die Toten der Familie waren auch nicht gestorben, sondern gefallen, und es gab keine Gräber, die wir besucht hätten. Erst sehr viel später, als meine Klassenkameraden im Alter der

Gefallenen waren oder noch später dann meine Kinder, ahnte ich, was es hieß, dieses „gefallen'.

Millionenfach hatte dieser Kriegstod stattgefunden. Die Schätzungen lauten auf 50 bis 80 Millionen Toten, allein 5,3 Millionen deutsche Soldaten, circa 6 Millionen Holocaust-Opfer. Von vielen war gar nicht klar, ob sie tot oder irgendwo gefangen waren, und neben der Trauer blieb manchmal dieser Funke Hoffnung. Aber auch die Trauer hatte eigentlich keinen Platz. Jeder hatte Angehörige, Freunde, Nachbarn, Bekannte verloren. Ja, man hatte sie verloren, vermisst, sie waren gefallen, abtransportiert, vergast, sie waren Opfer eines menschlichen Irrwitzes, aber sie waren nicht gestorben.

Sterben als Teil des Lebens, als das letzte Ausatmen, als Stirb und Werde gab es nicht mehr. Vielleicht ist es auch falsch, das so zu verallgemeinern; ich habe es so in meiner und vielen anderen Familien erlebt.

Gleichzeitig begann in Deutschland wenige Jahre nach Kriegsende mit dem Wirtschaftswunder eine fast totale Zuwendung zum Leben und ein Verdrängen der dunklen Vergangenheit. Es begann auch ein Aufschwung der Wissenschaften. Die Entwicklung des Penicillins, die Europa erst nach dem zweiten Weltkrieg zu spüren bekam, half Krankheiten zu beherrschen, an denen die Menschen zuvor noch gestorben waren. Es setzte eine Revolutionierung der Medizin ein, die immer technischer wurde und deren Vertreter zwar immer mehr von ihrem Fachgebiet und von den immer kleiner werdenden kleinsten Einheiten des Menschen verstanden, aber immer weniger vom Menschen selber. Krankheit wurde zum äußeren Feind, den es zu bekämpfen galt, und der Tod eine narzisstische Kränkung des Arztes.

So konnte ich als Krankenschwester in den 70er und 80er Jahren des vergangenen Jahrhunderts regelmäßig erleben, dass bei einem Sterbenden keine Visite mehr gemacht wurde. Trotzdem fand Sterben immer häufiger im Krankenhaus und nicht zu Hause statt.

Von meinen zwei Omas war die eine im Krankenhaus, die andere zu Hause gestorben. Zu beiden durfte ich als Kind nicht mehr hin, als es ihnen „so schlecht" ging, und auch bei der Beerdigung hielt man uns Kinder lieber fern. Im ersten Fall war ich 12, im zweiten 17 Jahre alt! So geschah es, dass ich den Tod und das Sterben dort kennen lernte, wo er am häufigsten stattfand, nämlich im Krankenhaus, als ich eine Ausbildung zur Krankenschwester absolvierte.

In meinem ersten Lehrjahr geschah es denn auch. Irgendwann wurde ich zum Essen Anreichen zu einer alten Frau geschickt, die in einem Dreibettzimmer lag. Ich erinnere mich noch, ich kam zur Tür hinein, ihr Bett stand rechts an der Wand, etwas unter der Schräge mit der Kopfseite zum Fenster. Ich ging zu ihr. Sie schien zu schlafen. Jedenfalls antwortete sie nicht, aber das tat sie sowieso kaum. Also häufte ich etwas Brei auf den Löffel und hielt ihn ihr vor den Mund mit der Aufforderung, doch den Mund zu öffnen. Da erst erkannte ich, dass sie gestorben war. Ich weiß gar nicht, worüber ich mehr schockiert war, darüber, dass sie tot war oder aber darüber, dass ich es nicht früher gemerkt hatte.

Der Umgang mit den Toten war damals nicht besonders würdevoll. Irgendwie wurden sie auf eine Trage gezerrt, der Unterkiefer wurde mit einer Binde hochgebunden, dann brachten wir sie in die Leichenhalle, in diesem Krankenhaus ein kleines Räumchen mit zwei Liegen und einem Weg zum Hinterausgang. Ein paar Jahre später war der kürzeste Weg zu meiner Wohnung eben dieser Hinterausgang und ich ging dann immer an dieser Halle vorbei, meist nicht, ohne einen Blick hinein geworfen zu haben.

Als ich im zweiten Lehrjahr war, erkrankte ein guter Freund der Familie an einem Bronchialkarzinom[1]. Er war für mich so etwas wie ein väterlicher Freund, der mir sehr nahe stand. Da ich zur gleichen Zeit im Krankenhaus einen jungen Patienten pflegte, der bereits Hirnmetastasen[2] hatte, war mir der Verlauf bekannt, wie ihn die Krankheit in den früher 80er Jahren[3] nahm. Bereits nach kurzer Zeit hörte ich auf mein Nachfragen, dass der Freund seltsame taube Stellen am Arm hatte. Instinktiv wusste ich, dass er nicht mehr lange Zeit hatte und wollte ihn gern besuchen, um mich zu verabschieden. Ich wurde abgewiesen, es gehe ihm nicht so gut, ich solle kommen, wenn es ihm wieder besser ginge. Da begriff ich im tiefen Grunde meines Herzens, dass ich ihn nicht mehr sehen würde, mich nicht würde verabschieden können. Und so war es dann auch. Das nächste Mal kam ich zur Beerdigung.

Stationen des Sterbens, die mir nach über dreißig Jahren nicht aus dem Kopf gehen.

In meinem Beruf starben viele Menschen. Dennoch sind mir wenige in Erinnerung geblieben. Ein Mann Mitte dreißig hatte einen schweren Herzinfarkt. Immer noch Schülerin, aber jetzt bereits im dritten Ausbildungsjahr, wurde ich zur Sitzwache bei ihm abgestellt. Er war sehr unruhig. Was das Schlimmste war, er fragte immer wieder, „wie lange dauert das noch?" Ich spürte genau, was er meinte: wie lange dauert es noch, bis ich tot bin? Aber ich stellte mich dumm, weil ich keine Antwort wusste. Als er keine Ruhe gab, fragte ich, „was meinen Sie denn?" „Wie lange dauert es noch bis ich tot bin?" Da saß ich jetzt mit meinen 23 Jahren mit diesem Menschen und dieser Frage mutterseelenallein. Keiner, den ich hätte fragen können, keiner, der mir beigestanden hätte. Ich nahm all meinen Mut zusammen und

---

[1] Das Bronchialkarzinom ist eine Krebserkrankung der unteren Luftwege.

[2] Das BC metastasiert, bildet Tochtergeschwülste, besonders schnell im Gehirn.

[3] Heute hat man bereits viel mehr Möglichkeiten, um auch diese Krankheit noch in Schach zu halten oder auch zu heilen.

sagte, „ich weiß es nicht", und flüchtete mich in die Beobachtung des Monitors und der Tropfen der Infusion. Aus heutiger Sicht kann ich feststellen, das ich immerhin nicht sagte, „sie sterben ja nicht" oder „das wird schon wieder". Aber im Grunde war ich zum Nichtstun verdammt, zum Aushalten. Damals konnte ich dem Mann nicht in die Augen schauen. Ich konnte ihn nicht unterstützen, ihm nicht helfen, nur da sein. Aber ich wäre am liebsten weggelaufen.

Er starb noch in meiner Schicht. Auf meinen Notruf hin versuchten die Ärzte ihn noch zu reanimieren, aber es gelang nicht mehr.

Und noch ein alter Mann ist mir in Erinnerung. Er bezeichnete sich als Atheisten. Er hatte keine Familie, keine Freunde. Niemand besuchte ihn. Er merkte nach langer Krankheit, dass er im Sterben lag, und er hatte eine wahnsinnige Angst davor, hatte Angst davor, ins Nichts zu gehen, „zu verschwinden", wie es ihm erschien, ohne etwas zurückzulassen. Bei mir hat er zumindest die Erinnerung an diese existentielle Angst zurückgelassen.

Als wichtige Stationen meiner Auseinandersetzung mit dem Tod sind mir auch zwei Begebenheiten wichtig, die gar nicht direkt mit dem Sterben zu tun hatten. Eine unserer Patientinnen, eine wundervolle alte Dame, die aus Meran stammte, lag wegen eines schweren Herzklappenfehlers auf meiner Station. Sie war hochbetagt, noch recht gut mobil und ihr größter Wunsch war es, noch einmal nach Meran zu fahren. Der Oberarzt hatte es ihr verboten. Sie könne sterben. Also blieb es bei ihrer Sehnsucht, die sich nicht mehr erfüllen sollte. Ich habe nicht verstanden, dass sie nicht trotzdem gefahren ist. Was hatte sie noch zu verlieren? Wie kam der Arzt dazu, es ihr zu verbieten? Was nutzt denn ein Leben, das ich im Bett liegend im Krankenhaus verbringe, allein, wenn ich es, kürzer vielleicht, in vollen Zügen leben könnte? Heute kann ich in dem Wunsch, noch einmal in die Heimat zu fahren, auch den Wunsch nach der Geborgenheit in der ewigen Heimat erkennen. Ich werde später noch darauf eingehen.

Im familiären Umfeld wagte ich mich eher, meine Meinung zu sagen. Als mein Vater nach zwei schweren Herzinfarkten[4] den Wunsch äußerte, gegen ärztlichen Rat noch einmal nach Tirol zu fahren, und meine Mutter sich sorgte, ob sie ihm den Wunsch erfüllen könne und nicht auch Vorwürfe von Seiten der Kinder zu erwarten habe, wenn etwas „passiere", redete ich ihr zu. Sie fuhren – und er bekam dort seinen dritten Infarkt.

---

[4]   In dieser Zeit gab es kaum eine wirkliche Behandlungsmöglichkeit des Infarkts. Ein Herzinfarkt verlief oft tödlich. Es gab noch keine Bypass-Operation und auch keine Lyse, wenigstens nicht abseits der großen Zentren.

Als ich 27 war, starb mein Vater mit 58 Jahren – allein im Krankenhaus nach einer Schlüsselbeinfraktur; in dem Augenblick überraschend für uns alle. Ein Jahr zuvor hatte ich nach einer Reanimation in der Nacht auf der Intensivstation an seinem Bett gesessen, als die Ärzte meinten, er werde sie wohl nicht überleben. In dieser Nacht ist er aus dem Koma erwacht. Ein Jahr geschenkte Zeit, die wir genutzt haben.

Kurze Zeit später legte ich für zehn Jahre eine Familienpause ein, da mittlerweile drei kleine Kinder zu versorgen waren.

Als der Jüngste bereits in die Schule ging, bat mich eine Freundin, sie in der Pflege ihrer Schwiegermutter zu unterstützen. Diese hatte einen schnell fortschreitenden inoperablen Krebs. Sie wollte es der Schwiegermutter ermöglichen, zu Hause zu sterben, hatte aber gleichzeitig auch Angst davor. Ich sagte zu. Die Krankheit schritt sehr schnell voran. Schon nach wenigen Wochen ging es dem Ende zu. Ich spürte es und sah es, sprach auch mit meiner Freundin darüber und musste dem Schwiegervater sagen,

dass er nicht aufs Feld gehen, sondern bei seiner Frau bleiben solle, hatte

aber überhaupt keine Ahnung, wie ich mit der Kranken selber umgehen konnte.

Äußerst beeindruckend für mich war die behandelnde Hausärztin. Sie wusste. Sie setzte sich ans Bett und sprach zu ihr. „Frau X., es ist Zeit zu gehen. Sie dürfen gehen. Gehen Sie weiter. Sie brauchen keine Angst zu haben." So oder ähnlich sprach sie zu ihr – wissend. Angesichts ihrer Begleitung der alten Frau habe ich mich ob meiner Hilflosigkeit geradezu geschämt. Dank diese Erfahrung habe ich begonnen, in der Zukunft den Mund zu öffnen und mit meinen Wahrnehmungen und Einsichten offen umzugehen.

Ein Jahr nach dieser Begebenheit fing ich wieder an, als Krankenschwester auf einer inneren Station zu arbeiten.

Die Medizin hatte in den Jahren, in denen ich mich ganz der Familie widmete, enorme Fortschritte zu verzeichnen, und besonders in der Anfangszeit kam ich mir vor, als ob ich meine Ausbildung in Lambarene gemacht hätte. Zum Teil mochte das auch damit zusammenhängen, dass das Krankenhaus, an dem ich gelernt hatte, ein kleines Kreiskrankenhaus war, dasjenige, an dem ich nun arbeitete, jedoch zur Zentralversorgung gehörte.

Alte Menschen starben nicht mehr an einer Oberschenkelhalsfraktur, denn sie bekamen eine künstliche Hüfte. Längst wurden in großen Zentren sogar Herztransplantationen[5] erfolgreich durchgeführt. Vieles wurde ganz anders behandelt und der Medizin schien nahezu alles möglich zu sein.

---

[5] Die erste Herztransplantation wurde 1967 in Kapstadt anfangs der 90er Jahre vorgenommen, inzwischen sind es ca. 4.000 Transplantationen jährlich weltweit.

Die Station bekam zunehmend mehr onkologische Patienten. Ich erlebte immer wieder die Diagnose eines Tumors und die Hilflosigkeit der Ärzte im Überbringen der Nachricht. Woher hätten sie es auch können sollen? Jung, gerade erst der Universität entsprungen, taten sie nach besten Kräften und oft über diese hinaus ihren Dienst am Krankenbett und in den Untersuchungsräumen. Das Vertrauen in die Wissenschaft machte sich immer mehr breit und die Intuition als ärztliche Kunst nahm ab. Mehr als einmal hörte ich bei der Oberarztvisite: „Liebe Kollegen, wir behandeln hier keine Laborwerte, sondern Menschen!"

Und plötzlich – von einem Moment zum nächsten – war alles anders.

Am 3. Februar 1999 starb mein Mann durch einen Unfall. Zu dem Zeitpunkt als dies geschah, saß ich vor dem Fernseher und schaute ein Drama über ein Mädchen, das durch einen Motorradunfall eine sehr lange Zeit im Koma lag und später mit einer Querschnittslähmung in der Halswirbelsäule überlebte. Ich hörte Schlüssel und die Tür gehen, rief meinem Mann zu, dass ich im Wohnzimmer sei und hatte dann aber den Eindruck, dass er sich im Schlafzimmer hingelegt habe. Ich stand auf, um nach ihm zu sehen, aber da war niemand. Zur gleichen Zeit war er auf der Straße an einem Genickbruch gestorben. Seine Uhr war stehen geblieben, so dass ich trotz der halbstündigen Reanimationsversuche den Todeszeitpunkt nach dieser Uhrzeit, die mit meinem Erlebnis übereinstimmte, bestimmen konnte.

Rund um seinen Tod geschahen noch mehr merkwürdige Dinge. Es war, als ob ein Vorhang aufging und ich einen Moment in ein Land schauen konnte, in das uns sonst der Blick versagt ist. Das mag einer der Gründe gewesen sein, warum ich mich immer mehr und intensiver mit dem Sterben auseinandersetzte. Nach wie vor gehörte der Tod zu meinem Arbeitsalltag. Dies sollte er nun noch mehr werden. Plötzlich war das Sterben der Menschen im Krankenhaus nicht mehr bedrohlich, ich nicht mehr hilflos. Ich konnte mit den Kranken über den Tod und ihre Angst davor reden, oft sogar, wenn sie gar nicht mehr ansprechbar waren. Ich sprach offen mit Angehörigen über meinen Eindruck, auch wenn uns das als Schwestern verboten war. Da war auf einmal eine Sicherheit, die auch in Kauf nahm, gekündigt zu werden, weil ich meine Kompetenzen als Krankenschwester überschritt.

Ich machte eine Palliative-Care - Ausbildung und versuchte zunächst, so gut es ging, ein menschenwürdiges Sterben im Krankenhaus auf meiner Station, auf der ich mittlerweile Stationsschwester war, zu verwirklichen. Meist war eine wirkliche Sterbebegleitung aber nur in der Freizeit möglich. Als ich hörte, dass in unserer Stadt ein Hospiz gebaut werden sollte, bewarb ich mich um die

Leitung, nicht ohne vorher mit meinen Kindern zu reden, die inzwischen im Teenageralter waren. „Mach, was du für richtig hältst, aber komm nicht nach Hause und heul' uns was vor," war die Antwort. Ich hatte mich daran gehalten und in den folgenden sieben Jahren durfte ich annähernd 700 Menschen mit in ihrem Sterben begleiten.

Die ersten Ideen, über meine Erfahrungen zu schreiben, kamen mir im Zusammenhang mit Fragen eines Gastes[6]. Ein Fernsehteam wollte in unserem Hospiz drehen und gern auch Kranke filmen und sie am liebsten auch interviewen. Aus diesem Grund fragte ich Kranke und Angehörige, ob sie denn dafür zur Verfügung stehen würden. Die schwer kranken Menschen waren mit dem Filmen schnell einverstanden, ihre Krankheit und ihr Siechtum erhielten damit einen Sinn und eine Botschaft. Bei der Frage nach dem Interview bekam ich zur Antwort, „ich weiß doch nichts, was soll ich denn sagen? Die sollen Sie fragen. Sie wissen doch, wie Sterben geht."

Um es gleich vorweg zu nehmen – ich weiß es nicht. Aber ich will Sie gern teilhaben lassen an dem, was mich beeindruckt hat, was mir zu denken gibt, an meinen Erlebnissen und Erfahrungen, Wahrnehmungen und Fragen, die daraus resultieren, will Sie mit hineinnehmen in eine sich verdichtende Ahnung.

---

[6] In einem Hospiz werden die Schwerkranken als Gäste bezeichnet.

Unterricht

Jeder der geht
belehrt uns ein wenig
über uns selber.
Kostbarster Unterricht
an den Sterbebetten.
Alle Spiegel so klar
wie ein See nach großem Regen,
ehe der dunstige Tag
die Bilder wieder verwischt.

Nur einmal sterben sie für uns,
nie wieder.
Was wüssten wir je
ohne sie?
Ohne die sicheren Waagen
auf die wir gelegt sind
wenn wir verlassen werden.
Diese Waagen ohne die nichts
sein Gewicht hat.

Wir, deren Worte sich verfehlen,
wir vergessen es.
Und sie?
Sie können die Lehre
nicht wiederhole

Dein Tod oder meiner
der nächste Unterricht:
so hell, so deutlich,
dass es gleich dunkel wird.[7]

---
[7]   Domin, Gesammelte Gedichte, S. 147. © *S. Fischer Verlag*

Teil I

Die Topografie des Grenzlandes

Die Endlichkeit des Seins

„Gedenke, oh Mensch, dass du Staub bist und zu Staub zurückkehren wirst", so heißt es in der Liturgie der katholischen Kirche an Aschermittwoch, wenn der Priester den Gläubigen ein Aschenkreuz auf die Stirn zeichnet.

Und beim Abendtext in einem Sesshin[8] werden die Teilnehmer ermahnt, „aus ganzem Herzen sage ich euch allen: Immer geht es um Leben und Tod. Alles vergeht und kein Verweilen kennt der Augenblick. Übt Achtsamkeit! Seid nicht nachlässig und nicht vergesslich!"

Im klösterlichen Leben endet der Tag mit der Komplet, in der es heißt: „Herr, auf dich vertraue ich, in deine Hände lege ich mein Leben. Lass leuchten über deinem Knecht dein Angesicht, hilf mir in deiner Güte. In deine Hände lege ich mein Leben."

Drei Beispiele, in denen es um ein Bewusstsein von der Endlichkeit des menschlichen Lebens geht. Als Menschen ist unser Dasein begrenzt. Bereits in den Psalmen wird daran erinnert, wenn es in Psalm 90 heißt: „Unser Leben währt siebzig Jahre, / und wenn es hoch kommt, sind es achtzig. Das Beste daran ist nur Mühsal und Beschwer, / rasch geht es vorbei, wir fliegen dahin… Unsere Tage zu zählen lehre uns! / Dann gewinnen wir ein weises Herz."

Nun, heute sind es nicht mehr siebzig oder achtzig Jahre, mit denen wir zu rechnen haben – die allgemeine Lebenserwartung geht gegen 90 bis 100 Jahre, aber dann ist er doch da, der Tod, die endgültige Grenze und das Ende des Lebens. Noch niemand ist diesem Ende entgangen. „Das ist so sicher wie der Tod", sagt eine Redensart. Dennoch können sich die meisten Menschen diese Endlichkeit nicht vorstellen.

Endlichkeit erleben wir normalerweise im Gegenüber zur Zeit. Etwas steht dann nicht mehr in seiner gewohnten und manchmal auch geliebten Erscheinungsform zur Verfügung, manchmal auch die Zeit selbst: Der Urlaub ist endlich und wir müssen wieder arbeiten. Festtage enden, die Zeit, die ich mit einem lieben Menschen verbringe, geht viel zu schnell vorüber. Aber diese Endlichkeit hat auch angenehme Seiten. Wie froh war ich bei der Niederkunft zu wissen, dass die Schmerzen vorübergehen, eine Ende haben würden. Selbst unangenehme Dinge sind irgendwann einmal getan. Dass etwas endet, bedeutet nicht, dass die Zeit aufhört, sondern, dass die Zeit, die wir mit einer bestimmten Erfahrung verbringen, endet, dass eine bestimmte Zeitphase endet.

---

[8]   Sesshin: Meditationsperiode im Zen von 5 oder 7 Tagen mit Sitzen in der Stille und täglichem Vortrag.

Man könnte aber auch sagen, Endlichkeit bedeutet, dass sich unser Erleben entlang einer Zeitphase verändert. Dies ist genau, was wir Zeit unseres Lebens erfahren: unser Erleben der Welt ändert sich. Und die Welt um uns scheint sich zyklisch zu verändern. Es gibt wiederkehrende Tageszeiten, einen Wochenrhythmus, Jahreszeiten – in anderen Ländern Regenzeiten und Trockenzeiten – Mondphasen. Wir erleben das Vergehen und Wachsen der Vegetation. Alles um uns verändert sich, nur wir scheinen gleich zu bleiben. Aber bleiben wir das tatsächlich? Wenn wir unsere Kinderbilder betrachten, dann können wir auch sehen, wie sich unser Körper verändert hat und wir behaupten immer noch, das sind wir. Diesen sich verändernden Körper erleben wir als immer den gleichen, weil wir uns mit dem Körper identifizieren. Gleichzeitig können wir uns nicht vorstellen, dass wir tatsächlich nur dieser zeitlich und räumlich auf den Körper begrenzte Mensch sind, der mit dem Tod sein Ende findet.

Seit Menschengedenken glauben Menschen daher an ein wie auch immer geartetes Leben nach dem Tod und in ihren Mythen erzählen sie vom Wandlungsprozess des Lebens.

Ich will in diesem Buch auf die unterschiedlichen Vorstellungen vom Leben nach dem Tod nicht eingehen, das würde zu weit führen, dennoch ist es wichtig festzuhalten, dass wohl fast jeder Mensch irgendeine Vorstellung davon hat, wenn auch oft unbewusst.

„Niemand kann euch etwas eröffnen, das nicht schon im Dämmern Eures Wissens schlummert", sagt der islamische Mystiker Khalil Gibran.

Dieses Buch beschäftigt sich mit der Grenze, die wir Tod nennen, und dem Übergang, den wir Sterben nennen.

Was heißt „Sterben"?

Wenn wir uns der Bedeutung von „sterben" von der etymologischen Seite her nähern, dann fällt auf, dass es einige Wörter im Altnordischen und Westgermanischen gibt, die die Grundbedeutung „erstarren", „starr", „hart"[9] haben. Wenn wir sterben, erstarrt der sichtbare Körper. In dem Begriff der „Totenstarre" hat sich genau diese Vorstellung erhalten.

Im Lateinischen gibt es für „sterben" ein Wort, das gar nicht mit diesem Ausdruck verwandt ist, aber sehr treffend einen anderen Zusammenhang deutlich macht. Lateinisch heißt „ich sterbe" *morior* und außer „ich sterbe" bedeutet es noch „ich vergehe", „ich verschwinde", „ich verliere mich" und legt damit einen Schwerpunkt nicht auf das, was zurückbleibt, was erstarrt, sondern darauf, was eben verschwindet. *Moriri* ist ein so genanntes Deponens. Das ist ein Verb, das die Form eines Passiv hat – wie zum Beispiel „ich werde geschlagen" – von der Bedeutung her aber aktiv ist – wie „ich schlage". Wenn ich diese Dichotomie aufgreife, dann ist „sterben" etwas, das wir einerseits tun, was uns aber andererseits auch geschieht. Ich komme später darauf zurück, welche Bedeutung die Einwilligung ins Sterben für den Sterbeprozess hat.

Sterben meint einen Prozess, der aus unterschiedlichen Blickwinkeln betrachtet werden kann. Aber all diese Blickwinkel zusammen machen erst das Sterben aus, ja mehr: Sterben selbst ist wiederum mehr als die Summe seiner Aspekte, und Definitionen sind in diesem Zusammenhang nicht gefahrlos. Kōshō Uchiyama Rôshi, ein japanischer Zen-Meister des 20. Jahrhunderts, der zunächst westliche Philosophie studierte, schreibt in seinem Buch „Weg zum Selbst. Zen-Wirklichkeit": Das westliche Denken, das im alten Griechenland begann, gewöhnte sich allzu sehr daran, alles Existentielle durch den *Logos* (d. h. den sprachlichen Ausdruck) zu erfassen. Dies bedeutet: Wenn wir uns des Logos bedienen, um ein Ding zu begreifen, so bauen wir damit eine äußere Beziehung von Ding zu Ding. Der Westen hat sich allzu sehr daran gewöhnt, in dieser Weise die Dinge zu definieren, und daher trachtet er sogar, das Selbst und das Leben durch Definition zu erfassen. Dabei müssen wir folgenden wichtigen Umstand festhalten: Sogar unser Vermögen, alle Dinge durch Erklärung ihres Inhalts (Definition) zu verstehen, kommt aus dem Leben-des-Selbst. Dies letztere aber kann nicht durch Erklärung bestimmt werden. Es ist

---

[9] Vgl. Kluge, Etymologisches Wörterbuch: *stjarfi Starrkrampf; strafr* hartmäulig; *stirrfinn* halsstarrig; *starfa* (norw.) frieren; dem Tod nahe sein; *sterphos* (gr.) harte Haut, Leder.

dies Etwas, das als wirkliche Erfahrung vorhanden ist, selbst wenn es nicht verstanden und definiert wird."[10] Sterben ist nichts, zu dem man eine nur äußere Beziehung aufbauen kann, wenn man es verstehen möchte: „Die Wirklichkeit des Lebens kann nicht in eine Definition eingekapselt werden."[11] Das heißt doch, dass es eine Wirklichkeit jenseits der Definitionen gibt. Kōshō Rôshi bringt das Beispiel des Feuers. Jeder wisse, dass wir verbrannt werden, wenn wir eine Flamme berühren, wenn wir allerdings nur an Feuer denken oder das Wort „Feuer" aussprechen, brenne weder der Kopf noch der Mund. Die Vorstellung allein, dies könne geschehen, bringt sicher nicht nur mich zum Schmunzeln. Andererseits gibt es bis heute Menschen, die zumindest in Teilaspekten ihres Lebens nach dieser magischen Vorstellung leben. Die Magie unterscheidet nicht zwischen Wort und Inhalt, zwischen der Zeichnung oder Darstellung und dem Ding oder der Person an sich. Vielleicht liegt es daran, dass viele Menschen äußerst ungern an das Sterben denken. Aber Sterben gehört zur Lebenswirklichkeit eines jeden Menschen. „Die Wirklichkeit des Lebens kann nicht in eine Definition eingekapselt werden." Möglicherweise kommen wir sogar mit all unseren „kleinen Toden" inmitten des Lebens, wenn wir etwas Aufgeben oder Loslassen müssen, dem Sein des Sterbens näher als mit allen Beobachtungen und Definitionen.

Dennoch will ich diesen Versuch unternehmen, mich dem Sterben anzunähern, auch dieser Erfahrung des Lebens-im-Sterben. Und ich werde in diesem Zusammenhang nicht wesentlich auf Nahtoderlebnisse oder Träumen vom Sterben eingehen, sondern auf das endgültige Ende des Lebens eines Menschen. Dieses Ende hat sowohl einen körperlichen als auch einen psychischen Aspekt, denn der ganze Mensch stirbt – möglicherweise wird er aber auch erst ganzer Mensch, insofern als der Tod nämlich zum Menschsein gehört. „Jeder Atemzug wehrt den beständig eindringenden Tod ab... Zuletzt muss er siegen: denn ihm sind wir schon von Geburt anheimgefallen."[12]

Sterben kann ich vom Sterbenden aus betrachten oder aber von jeder Person aus, die auf den Sterbenden oder auf die er bezogen ist, also auch von Seiten der Angehörigen, um eine Gruppe zusammenzufassen, der Pflegenden und der Ärzte. Pflegende und Ärzte möchte ich, gerade was das Sterben angeht, als zwei Gruppen betrachten, da es mir scheint, als seien die meisten Ärzte mehr dem naturwissenschaftlich materialistischen[13] Denken verpflichtet

---

[10] Uchiyama Rôshi, Weg zum Selbst, S. 34.

[11] Ebd.

[12] Schopenhauer, Die Welt als Wille und Vorstellung; nach: Yalom, Die Schopenhauer-Kur, S. 7.

[13] „Physisch ist nicht das einzige Kriterium einer Wahrheit. Es gibt nämlich auch seelische Wahrheiten, die sich physisch weder erklären noch beweisen oder bestreiten lassen", Jung, GW 11, § 553.

als Pflegende und können so schwerer Besonderheiten erkennen, die nicht in dieses Denken passen. Vom Sterbenden aus kann ich, zumindest wenn ich mich einer Haltung des betrachtenden Gegenüber verpflichte, in dem Maße schreiben, als sich mir dieser Sterbende mitteilt, als er also bei Bewusstsein, wach und im Körper ist. In den meisten Fällen meiner Erfahrungen waren die Sterbenden in der allerletzten finalen Phase nicht wach und bei Bewusstsein. Dennoch konnte ich Beobachtungen machen und Wahrnehmungen, die vielleicht teilweise aus einer Übertragungssituation resultierten, in einigen Fällen aber durchaus Mitteilungen transpersonalen Charakters waren.

Sterben hat einen ausgesprochenen Prozesscharakter, so dass im Grunde nicht genau gesagt werden kann, wann es beginnt und wann es endet. Die Festsetzung eines bestimmten Zeitpunktes als Tod, der alles davor als Leben oder Sterben und alles danach als physiologische Autolyse[14] oder nicht existent festlegt, ist relativ willkürlich, wenn man nicht nur vom naturwissenschaftlich physiologischen Standpunkt schaut. Meine Erfahrungen in dieser Hinsicht werde ich im Kapitel „Der Prozess geht weiter" einbringen (siehe S. 113), da ich glaube, dass sie am ehesten geeignet sind, Licht auf das Ganze zu werfen und die unterschiedlichen Anschauungen vom Sterben zu verbinden.

„Ich weiß, dass ich nicht(s) weiß", kann ich mit Sokrates sagen und all meine Überlegungen und Wahrnehmungen sind ein Suchen und Kreisen um ein Geheimnis, dem wir uns nun nähern wollen – das Geheimnis ist das Geheimnis des Lebens schlechthin.

Sterben als physiologischer Prozess

Definitionen
Im medizinischen Kontext wird das Sterben vom Tod beendet, der auch Exitus genannt wird. Exitus bedeutet eigentlich „der Hinausgang". Ein medizinisches Fachbuch sagt zu diesem Tod folgendes:
Der *allgemeine Tod* „ist das endgültige Versagen aller lebenserhaltenden Vorgänge, d. h. sämtlicher Organfunktionen. Da es heute möglich ist, Atmung und Kreislauf auch bei fehlender Hirntätigkeit aufrechtzuerhalten, zum menschlichen Leben aber unabdingbar die zentralnervösen Funktionen gehören, wird mit dem Ende des menschlichen Lebens meist der Hirntod gleichgesetzt. Zur Diagnose eines *Hirntod*s müssen klinischneurologisch der

---

[14] Autolyse ist die Selbstverdauung des Körpers, die sich bis in eine Auflösung der einzelnen Zellen durch zelleigene Organe erstreckt.

Ausfall aller Hirnfunktionen (Vorliegen eines tiefen Komas, Fehlen aller Reflexe), das Sistieren der Hirnströme (Nulllinie im Enzephalogramm), sowie fehlende Hirndurchblutung (zerebraler Zirkulationsstillstand) nachgewiesen sein... Sichere Zeichen des allgemeinen Todes sind Totenflecken (Livores), Leichenstarre (Totenstarre, Rigor mortis), Hornhauttrübung sowie Autolyse."[15]

Die Vorstellung, die dieser Definition zugrunde liegt, ist die, dass das Gehirn als zentrales Steuerungsorgan die sinnvolle Zusammenarbeit des Organsystems Mensch regelt und dass ein Ausfall des Steuerungsorgans den Totalausfall bedeutet.

Von „lebenserhaltenden Vorgängen" wird in diesem Text gesprochen, was dann mit Organfunktionen gleich gesetzt wird. Was aber da hinausgeht, ist das Leben selbst. Und es geht nicht als Ganzes, plötzlich, auf einmal, sondern „den Zeitpunkt, an dem es zum Atmungs- und Herz-Kreislaufstillstand kommt, bezeichnet man als den Eintritt des *klinischen Todes*. Von diesem Augenblick an dauert es in der Regel 5 - 10 Minuten, bis infolge von O_2-Mangel und CO_2-Anhäufung die Zellen in lebenswichtigen Organen irreparabel geschädigt sind, bis also der *biologische Tod* eintritt. In dieser kurzen Zeitspanne besteht die Möglichkeit, durch lebensrettende Sofortmaßnahmen eine Wiederbelebung zu erreichen..."

Zuerst tritt also der klinische Tod ein, dann erst der biologische.

Nach einem Atemstillstand ist der Puls noch eine ganze Weile tastbar. Mehr als einmal habe ich an einem Sterbebett gestanden und gewartet, bis nach dem letzten Atemzug, auf den alle im Raum gewartet hatten, auch der Puls aufhörte, bevor ich ein erlösendes Wort sprechen konnte, das die Angehörigen brauchten. „Er bzw. sie hat es geschafft." Als eine Kollegin anfangs einmal diese Worte gesprochen hatte, ohne den Puls zu fühlen, tat das einer der Anwesenden und kam danach sehr aufgebracht heraus, „er lebt doch noch, wie kann sie da sagen, dass er tot ist!" Möglicherweise rührt daher auch die Angst mancher Menschen vor dem Scheintod.

Wenn dieser Herz-Kreislaufstillstand nicht das Ende eines langen Sterbeprozesses ist, kann der Mensch reanimiert werden, was wörtlich übersetzt bedeutet, dass er „wieder beseelt" werden kann. Die Zeit zwischen Herz-Atemstillstand und Reanimation ist denn auch die Zeit, in der möglicherweise Nah-Tod-Erlebnisse auftreten.

Was ist es, das den Körper über einen längeren Zeitraum verlässt? Was ist dieses „Leben"?

---

[15] Thews/Mutschler/Vaupel, Anatomie, Physiologie, Pathophysiologie des Menschen, S. 100.

In dem oben genannten medizinischen Artikel von Thews/Mutschler/Vaupel werden verschiedene Tode unterschieden: Der allgemeine, der biologische, der klinische und der Hirntod. Der Hirntod ist insofern von besonderer Bedeutung, als er ausschlaggebend für eine eventuelle Organtransplantation ist. Ein hirntoter Mensch kann nur mittels Maschinen (z. B. Beatmungsgerät) am Leben gehalten werden. Unabhängig von einer Organtransplantation machte 1992 der Fall des Erlanger Babys viel Aufsehen, in dem Ärzte versuchten, den Körper einer schwangeren Frau am Leben zu erhalten, damit das Kind ausgetragen werden konnte. Dieser Versuch scheiterte in der sechsten Woche.[16] Mittlerweile hat es aber bereits Entbindungen von hirntoten Schwangeren gegeben.

Der Sauerstoff, den jede einzelne Zelle des Körpers braucht, ist ausschlaggebend für ihr Leben oder ihren Tod. Für die Zellen der Großhirnrinde beträgt die Zeit, die sie ohne Sauerstoff auskommen können, 3 bis 7 Minuten, das nicht schlagende Herz 25 Minuten, die Leber und die Nieren 3 bis 4 Stunden, Muskeln über 8 Stunden,[17] Spermien 20 bis 24 Stunden, Magen-Darmtrakt bis 24 Stunden, Hornhaut bis 72 Stunden.

Wenn also der Tod festgestellt ist, der Mensch nicht mehr atmet, lebt ein Teil des Körpers noch eine ganze Weile und gleichzeitig beginnt er mit der programmierten Selbstauflösung, der Autolyse. Dieses Selbstauflösungsprogramm ist genauso ein Bestandteil des lebenden Körpers, wie es das Entwicklungsprogramm vom befruchteten Ei bis zum lebensfähigen Säugling ist.

Nur auf Körperebene betrachtet könnte man also sagen, dass nach dem Tod der Mensch aufhört, als Ganzes zu sein, zwar leben noch einzelne Zellen, aber sie arbeiten nicht mehr zusammen, bilden kein Ganzes mehr. Die Matrix Mensch, d. h. die innere, zusammenhängende Struktur, zieht sich zurück oder zerfällt.

Die immer wieder neuen Erkenntnisse der modernen Hirnforschung legen die Vorstellung nahe, dass der Mensch seine Hirntätigkeit ist. Aber stimmt das? Bin ich wirklich nur die Summe meiner Hirnprozesse und damit eine zugegebenermaßen äußerst hoch entwickelte Maschine? Wenn ja, dann ist mit dem Totalausfall dieser Steuerungsmaschine das menschliche Leben am Ende. Ist auch mein Leben zu Ende? Wer bin ich?

---

[16] Vgl. Wikipedia, „Erlanger Baby". Online im Internet: http://de.wikipedia.org/wiki /Erlanger_Baby (letzter Zugriff am 19. 07. 2012).
[17] Thews/Mutschler/Vaupel, Anatomie, Physiologie, Pathophysiologie des Menschen, S. 326.

Nun habe ich Ihnen eine Menge medizinischer Fachbegriffe und Definitionen zugemutet, aber Sie werden zu Recht fragen, woran erkenne ich denn, dass ein Mensch stirbt? Woran erkenne ich es körperlich? Kann ich es überhaupt eindeutig erkennen?

Auf diese Fragestellung werde ich ein wenig später im Kapitel „Die letzte Lebensphase" (S. 39; vgl. auch S. 38) im Zusammenhang mit den Sterbephasen noch näher eingehen. Aber vorher möchte ich mich noch mit einem anderen Aspekt des Sterbens beschäftigen, nämlich dem psychischen Aspekt.

Sterben als psychischer Prozess

Im Kontext medizinischen Verständnisses war die Rede von der „Re-animation", der „Wiederbeseelung", aber auch vom Atem als einem entscheidenden Faktor des Lebens. Und so findet sich im „Wörterbuch der analytischen Psychologie" folgender Eintrag: „*Seele*. Mit S. (griech. psyche: Hauch, Atem; lat. Anima: Hauch, Atem) wird im allgemeinen Sprachgebrauch die geheimnisvolle innere, bewusst-unbewusste lebendige Energie bezeichnet, das atmende, bewegende, fühlende, intuierende Wesen des Individuums. S. hat in den Vorstellungen unterschiedlicher Zeiten und Kulturen häufig den Charakter einer feinstofflichen Substanz, die vorübergehend einen Leib, einen Körper ‚beseelt', in ihm wohnt, sein eigentliches Wesen, sein eigentliches Leben ausmacht. Wenn diese Seele den Körper verlässt, ist der Körper tot."[18] C. G. Jung unterscheidet noch einmal die Begrifflichkeiten und nennt Psyche die „Gesamtheit aller bewussten und unbewussten psychischen Vorgänge"[19], wohingegen „Anima" eine davon unterschiedene Bedeutung erhält. Beide Begriffe, „Psyche" und „Anima", bedeuten „Seele".

Diese Seele hat im Laufe ihres Lebens Entwicklungsaufgaben. Nach dem Konzept von Erik H. Erikson, der im Laufe eines Lebens acht Phasen vom Säuglingsalter bis zum Alter unterscheidet, ist jede Phase der Bewältigung einer bestimmten Krise geprägt. Bereits das Säuglingsalter hält seine Tücken bereit. Kann der Mensch ein Urvertrauen entwickeln und worin gründet es? Auf jeder Stufe kann die Entwicklung stecken bleiben oder aber auch durch die Lebensumstände in eine Sackgasse laufen. Viele Menschen bleiben stecken irgendwo zwischen Schul- und Erwachsenenalter. Aber auch der Tod könnte noch eine Aufgabe sein. Die Auseinandersetzung mit dem Tod könnte neue Kräfte frei setzen – Kräfte zum Leben.

---

[18] Müller/Müller, Wörterbuch der analytischen Psychologie, S. 375.

[19] Ebd.

Stufen

Wie jede Blüte welkt und jede Jugend
Dem Alter weicht, blüht jede Lebensstufe,
Blüht jede Weisheit auch und jede Tugend
Zu ihrer Zeit und darf nicht ewig dauern.
Es muss das Herz bei jedem Lebensrufe
Bereit zum Abschied sein und Neubeginn,
Um sich in Tapferkeit und ohne Trauern
In andre, neue Bindungen zu geben.
Und jedem Anfang wohnt ein Zauber inne,
Der uns beschützt und der uns hilft, zu leben.
Wir sollen heiter Raum um Raum durchschreiten,
An keinem wie an einer Heimat hängen,
Der Weltgeist will nicht fesseln uns und engen,
Er will uns Stuf' um Stufe heben, weiten.
Kaum sind wir heimisch einem Lebenskreise
Und traulich eingewohnt, so droht Erschlaffen,
Nur wer bereit zu Aufbruch ist und Reise,
Mag lähmender Gewöhnung sich entraffen.
Es wird vielleicht auch noch die Todesstunde
Uns neuen Räumen jung entgegen senden,
Des Lebens Ruf an uns wird niemals enden...
Wohlan denn, Herz, nimm Abschied und gesunde![20]

Gewiss, jeder hat die Freiheit, eine Lebensaufgabe zu verweigern. Darin ist der Mensch frei. Es gibt den erwachsenen Mann, der mit vierzig Jahren noch im Hotel Mama wohnt und sich versorgen lässt, und es gibt die Frau, die solches zulässt. Allerdings haben meine Erfahrungen mit sterbenden Menschen gezeigt, dass die nicht gelösten Lebensaufgaben einem spätestens im Sterben einholen. Hier lässt sich nichts mehr verdrängen. Der Mensch wird unwiderruflich auf die existentielle Frage zurückgeworfen, „wer bin ich?", „was trägt mich?", „was hoffe ich?"

Im Zusammenhang psychotherapeutischer und spiritueller Begleitungen ist infolgedessen relativ oft von Sterben die Rede. Im Laufe der Entwicklung eines Menschen kann es nämlich immer wieder erforderlich sein, dass ein Teil von dem, was er als zu sich gehörig betrachtet hat, losgelassen werden muss und stirbt. „Wir sind der Meinung, dass alle diese Ereignisse im Leben eines Menschen [das Opfern einer Idee, einer Lebensauffassung, das Aufgeben

---

[20] Hesse, Die Gedichte, S. 676. © *Insel Verlag*

einer alten Einstellung, einer Weltanschauung] Prozesse, Erfahrungen sind, die ein leichtes, inneres, symbolisch seelisches Sterben enthalten."[21]

Dies ist immer damit verbunden, dass ein Teil der psychischen Energie frei, beziehungsweise verschoben, wird. Solche Sterbeerfahrungen können sehr vielfältig sein, zum Beispiel eine Beziehung, die in die Brüche geht, eine Krankheit, die einbricht, eine Einstellung, die geopfert werden muss und nicht zuletzt geliebte Menschen, die vor uns sterben und die wir lassen müssen. All das sind Sterbeerfahrungen, die im Traum teilweise auch als solche erkannt werden können.

Hier geht es allerdings wie um die Quintessenz all dieser Erfahrungen, um ein Erleben des Menschen, das absolut existentiell ist, um die Frage und das Erleben der eigenen Endlichkeit und die Frage nach dem „Danach". Es geht um das körperlich endgültige Ende und damit um das Ende des Menschseins, das Ende des Lebens in Verbundenheit mit einem Körper, um das Ende leiblichen Seins. Es geht um etwas, das im Außen zwar immer wieder gesehen wird, aber nicht auf die eigene Situation übertragen werden kann. Denn obwohl wir im Grunde ja doch mit der Geburt zum Tode bestimmt sind, glauben manche Menschen im Innersten, sie seien von diesem Lebensprozess ausgeschlossen. Oft, wenn ich den Satz hörte, „warum ausgerechnet ich", dachte ich mir, „warum ausgerechnet du nicht?" Natürlich ist das keine Frage, die ich angesichts eines Verzweifelten offen stellen würde. Und mir kommt auch der Satz meiner Tochter in den Kopf, die nach der Nachricht vom Tod ihres Vaters, den sie sehr hautnah mitbekommen hatte, sagte, „ich dachte, so etwas geschieht nur den anderen."

Michael von Brück schreibt: „Der Tod ist gegenwärtig: im Fernsehen [in den Nachrichten, den Sondersendungen, in Filmen], auf den Autobahnen, jedoch kaum noch in den Wohnhäusern."[22] Ja, heimlich sind wir häufig mit dem Gedanken an Unsterblichkeit verbunden, denn wir können uns nicht vorstellen, nicht zu sein. Wir können uns das „Nicht" nicht vorstellen.

Sterben ist also etwas, das zwar jedem lebenden Wesen am Ende des Lebens geschieht, dieses Ende wird aber gern in eine sehr ferne Zukunft geschoben. So hatte eine 96jährige Frau in unserem Hospiz ausgesprochene Schwierigkeiten, so jung gehen zu sollen – „doch noch nicht jetzt." Eine andere, mit neunzig Jahren im Altenheim – ein durchaus bewusster Mensch – sagte, sie hoffe, bald wieder besser bei Kräften zu sein, damit sie nach Hause könne.

Am Anfang und in der Mitte des Lebens wird der Tod offensichtlich verdrängt. Der Mensch ist mit anderem beschäftigt, hat andere Aufgaben.

---

[21] Xipolitas-Kennedy, Archetypische Erfahrung in der Nähe des Todes, S. 27.
[22] Von Brück, Ewiges Leben oder Wiedergeburt?, S. 22.

28

Dennoch können Dinge geschehen – ein Unfall, eine schwere Krankheit – so dass auch in früher Lebenszeit der Tod eintritt. Und so ist das Wissen um die eigene Sterblichkeit etwas, das zwar bei allen Menschen im Kopf, nicht aber im Herzen ist, und es ruft eine existentielle Krise hervor, wenn sie von ihrem nahe bevorstehenden Tod hören.

Sterbephasen

Sterbephasen – Lebensphasen

Als Reaktion auf diese existentielle Krise wird ein Prozess in Gang gesetzt, der erstmals wohl von Elisabeth Kübler-Ross, einer Pionierin der Sterbebegleitung, beschrieben wurde. Sie unterscheidet fünf Sterbephasen:

1. Nicht-wahrhaben-Wollen und Isolierung
2. Zorn
3. Verhandeln
4. Depression
5. Zustimmung

Wobei in allen Phasen die Hoffnung mitschwingt, es könne ein Wunder geschehen und man würde doch noch einmal verschont werden. Diese leise Hoffnung im Hintergrund ist etwas, das man meiner Ansicht nach einem Menschen nie nehmen darf, auch nicht, wenn nach menschlich ärztlichem Ermessen keine Heilung möglich ist. Wenn mich einer unserer Patienten fragte, wie lange er denn wohl noch leben würde oder ob er nicht vielleicht doch wieder gesund würde, habe ich immer versucht, dieser Hoffnung einen Raum zu lassen, etwa mit der Formulierung, „nach meiner Erfahrung glaube ich nicht, dass sie wieder gesund werden, aber ich weiß es nicht, denn ich bin nicht der liebe Gott", oder manchmal auch, „wir wollen Gott doch keine Grenze setzen?" Ich finde die Einteilung in diese fünf Phasen heute nicht mehr sehr hilfreich, denn sie erwecken den Eindruck, dass der Prozess in dieser Reihenfolge abläuft. Leider hält sich der Prozess überhaupt nicht daran. Zustimmen könnte ich, wenn man sagte, all diese Phasen gibt es und sie werden teilweise mehrfach durchlaufen.

Verena Kast beschreibt es in ihren vier „Trauerphasen bei der Diagnose einer lebensbedrohlichen Krankheit"[23] etwas anders:

1. Phase des Nicht-wahrhaben-Wollens (Schock)
2. Phase der aufbrechenden chaotischen Emotionen
3. Phase des Suchens, Findens und Sich-Trennens
4. Neuer Selbst- und Weltbezug

Sie stimmt in der ersten Phase mit Kübler-Ross überein: Phase des Nicht-wahrhaben-Wollens, Schock. Auf Grund dieser Phase hatte ich schon im Krankenhaus meinen Oberarzt dazu überreden können, dass

---

[23] Kast, Der schöpferische Sprung, S. 127.

lebensbedrohende Diagnosen oder ähnliche Nachrichten immer durch Arzt *und* Krankenschwester überbracht wurden. Immer wieder stellte sich heraus, dass die Kranken von nichts eine Ahnung hatten, obwohl sie durch den Arzt aufgeklärt waren. Ein Anteil dabei hat sicherlich die Wortwahl: versteht der Patient den Arzt? Manche Ärzte merken gar nicht, wie viel medizinischen Fachjargon sie benutzen. Sie können sich schwer auf die Sprachebene des Kranken begeben. Pflegepersonen dürfen im Krankenhaus hingegen keine medizinische Auskunft geben. War eine Krankenpflegeperson bei dem Aufklärungsgespräch dabei, konnte sie sich immer wieder auf dieses Gespräch beziehen, der Patient konnte später nachfragen, „was hat der Arzt denn eigentlich gesagt? Was hat er denn damit gemeint?" Aber auch bei einem sehr gut geführten Aufklärungsgespräch, auch später im Hospiz, kam es immer wieder vor, dass der Kranke nichts wusste. Ich erinnere mich noch gut, dass unser beratender Arzt einmal sagte: „Was bin ich froh, dass du dabei warst. Es würde mir ja sonst kein Mensch glauben, dass ich mit dem Gast gesprochen habe", als wir von einem Kranken kamen, der aber auch rein gar nichts von dem Gespräch am Vortag behalten hatte.

Dieses Nichtwissen hängt sicherlich auch mit dem Schock zusammen. Dabei wird alles, was die Seele nicht bewältigen kann, verdrängt, wie in eine Schublade gepackt, die anschließend geschlossen wird. Es ist ein reiner Schutzmechanismus.

Eine besondere Form von Nicht-Wissen lag bei einem unserer Gäste vor, der zum zweiten Mal in seinem Leben an einem weit fortgeschrittenen Astrozytom[24] litt. Das erste Mal hatte er die Krankheit mehr als 10 Jahre überlebt. Er war erst Mitte vierzig und glaubte, sie wieder zu überleben. Als es ihm immer schlechter ging und er seiner Mutter erneut erzählt hatte, dass sie gemeinsam im folgenden Jahr eine große Reise unternehmen würden, fragte ich ihn, warum er denn solche Pläne mache, wo er doch genau wisse, dass das völlig unrealistisch sei. Darauf antwortete er mir: „Weil es so leichter ist."

Dem konnte ich nichts entgegnen. Kein Mensch kann dazu verurteilt werden, immer dem Tod ins Auge zu sehen. Lebensaufgaben gehören zwar wie bereits erwähnt zum Menschsein, aber sie können auch abgelehnt werden.[25] Andererseits kommt er mit dieser Einstellung der Tatsache sehr nahe, dass sich im Traum die Psyche überhaupt nicht von dem

---

[24] Astrozytom, ein Tumor der Astrozyten im Gehirn; Astrozyten sind sternförmige Zellen, die das Hüll- und Stützgewebe des Nervensystems bilden.

[25] Ein eindrückliches Beispiel dafür aus der Literatur findet sich in Günter Grass' „Blechtrommel", wo der junge Oskar beschließt, nicht mehr zu wachsen.

bevorstehenden Tod beeindrucken lässt. „Im Ganzen war ich erstaunt zu sehen, wie wenig Aufhebens die unbewusste Seele vom Tode macht."[26]

Die zweite Phase ist bei Kast charakterisiert durch aufbrechende chaotische Emotionen wie Wut, Protest, aber auch Schuldgefühle, Angst vor dem Leben, Angst vor dem Sterben, Ohnmacht, Resignation, Kränkung über den verstümmelten Körper, Trauer um die verlorene Zukunft. Einen Teil all dieser Gefühle werde ich in den folgenden Teilen der Arbeit behandeln. Diese Phase beschreibt in etwa auch das, was Kübler-Ross mit den Phasen 2 - 4 (Zorn, Verhandeln, Depression) meint. Besonders wichtig ist es in diesem Zusammenhang zu wissen, dass dieser Zorn sich häufig an den nächsten Menschen festmacht. Gerade pflegende Angehörige werden manchmal heftig verbal attackiert, nichts kann dem anderen Menschen recht gemacht werden. Gegenüber den nicht immer anwesenden Kindern beispielsweise oder gegenüber dem Arzt oder professionell Pflegenden ist der Kranke dann unter Umständen die Liebenswürdigkeit in Person. aber gegenüber den nächsten Menschen ist es dann manchmal auch nur der Kaffee, der zu lau, die Suppe, die zu heiß ist. Welche Mächtigkeit diese Phase entwickeln kann, soll im folgenden Beispiel deutlich werden:

Kurz nachdem wir Herrn S. (vgl. S. 48) im Hospiz aufgenommen hatten, ging ich in Urlaub. Als ich zurückkam, war alles in heller Aufregung. Das Team hatte große Probleme mit dem Kranken, empfand ihn als zu fordernd, man könne ihm nichts recht machen. Herr S. war genauso unzufrieden, beschwerte sich bei mir über die Schwestern, zählte minutiös auf, wer was wann falsch gemacht hatte.

Aus allen Darstellungen sowohl des Teams als auch des Kranken sprach Verzweiflung. Als ich diese im Gespräch mit Herrn S. spürte, formulierte ich ihm gegenüber, „ich habe den Eindruck, dass wir hier alle komplett hilflos gegenüber dieser Sch...krankheit sind. Wir alle haben eine Mordswut auf diese ALS. Aber statt gemeinsam zu versuchen, so gut wie möglich damit fertig zu werden, haben wir angefangen, uns gegenseitig zu bekämpfen." Es flossen viele Tränen.

Dem Team erzählte ich von dem Gespräch und von meiner Wahrnehmung der Situation. Die Bewusstmachung der Wut auf die Krankheit reichte in diesem Fall aus, um die Situation dauerhaft zu entschärfen, wenn auch weiterhin Unzufriedenheiten auftraten.

Als Nächstes folgt bei Verena Kast die Phase des Suchens, Findens und Sich-Trennens, Besinnung auf das, was bis jetzt war, und in den Verlust

---

[26] Jung, GW 8, § 809.

einwilligen, auf sich selbst bezogen und auf die Beziehungspersonen bezogen. Diese Phase erstreckt sich sehr häufig bis in die finale Sterbephase hinein und bei vielen Sterbenden scheint der Prozess auch hier zu enden.

Für andere schließt sich ein „neuer Selbst- und Weltbezug" an, ein „abschiedlich Leben"[27], eine neue Sinngebung für die Krankheit.

Als ich vor kurzem ein Seminar über Initiatische Sterbebegleitung hielt, war eine Teilnehmerin dabei, die gerade eine Sterbende begleitete. Als wir auf diesen neuen Weltbezug zu sprechen kamen und ich hinterfragte, ob ich das im Falle des Sterbens tatsächlich so nennen würde, erzählte sie, dass die alte Dame, die schon gezeichnet und bereits sehr hinfällig war, in der Nacht einen Atlas wollte, um zu sehen, wie denn heute die Grenzen verlaufen. Dass sie mit diesen Grenzen sicher nicht nur die zwischen Ländern, sondern auch die zum Tod hin gemeint hat, ist ein weiterer interessanter Aspekt.

In Fortbildungen werde ich immer wieder nach den Sterbephasen gefragt und es kommt mir vor, als ob sie es den Helfern zu erlauben scheinen, das Sterben der anderen im Griff zu behalten, es handhabbar zu machen, den Kranken handhabbar zu machen. Ich denke, dass es weder die Absicht von Kübler-Ross noch von Kast war, einen Leitfaden zu erstellen, und ich kenne sehr gut den Wunsch, das Erlebte zu strukturieren und damit ein Stück mehr zu begreifen. Ich versuche im Grunde mit diesem Buch nichts anderes. Für mich hat es sich stets hilfreich erwiesen, beim Menschen zu bleiben, zu fragen, was brauchst du, was hilft dir, was steht dir gerade im Wege. Eine weitere Hilfe war mir die Vorstellung, dass Sterben ein Individuationsprozess ist, ein Prozess, der im Letzten von unserem innersten Kern, unserem Wesen gelenkt wird, ein Prozess, dem ich mich vertrauensvoll anvertrauen kann, ja mehr noch, ein Prozess, in den ich mich als Helfer und Begleiter so wenig wie möglich einmischen sollte.

Zeichen der Exkarnation

Nicht nur die Psychologie, auch die Medizin kennt Sterbephasen. Und ich möchte an dieser Stelle die Frage aufgreifen, woran ich erkenne, dass ein Mensch stirbt. Wenn ich hier den Begriff Exkarnation gebrauche, dann gehe ich davon aus – und das ist meine Erfahrung – dass es etwas gibt, das weiterlebt oder zumindest noch eine Weile weiterlebt. Dieses Etwas scheint das Leben schlechthin zu sein, das Leben-Seiende.

---

[27] Kast, Der schöpferische Sprung, S. 127.

Exkarnation kommt aus dem lateinischen und bedeutet in etwa „aus dem Fleisch". Woran erkenne ich also, dass das Leben beginnt, den Körper zu verlassen?

Die Schwierigkeit der Eingrenzung von Sterbephasen

In Bezug auf die verschiedenen Phasen am Ende des Lebens spricht die Medizin von Finalphase, Präterminalphase, Terminalphase. Aber es gibt keine klare Sprachregelung. Besonders in der Palliativmedizin[28] wird noch immer um eine klarere Begrifflichkeit gerungen. Was ist gemeint, wenn ich sage, jemand ist in der Finalphase? Während im „Leitfaden Palliativmedizin"[29] die Begriffe Terminalphase und Finalphase synonym verwendet werden, bemüht sich das „Lehrbuch der Palliativmedizin"[30] um eine Differenzierung. Interessant ist das in unserem Zusammenhang durch die Frage: woran erkenne ich, dass ein Mensch stirbt? Gerade hinsichtlich der Begriffe *Final-* und *Terminalphase* herrscht keine einheitliche Meinung. Beide Begriffe stammen aus dem Lateinischen. *Finis* meint die Grenze, die Schranke, das Ziel, aber auch das zeitliche Ende, das Lebensende und das Höchste, den Gipfel; *terminus* bedeutet *Grenzstein, Grenze, Schranke* – es handelt sich also schon in der Ursprungssprache um ähnliche Sachverhalte.

Franca La Fata Thewes formuliert 2004 in ihrer Dissertation: „Die Verwendung von Zeitbegriffen, die jeweils einen bestimmten Zeitraum vor dem Versterben eines Patienten definieren, erfolgt in der Literatur relativ uneinheitlich.

Gemäß Twycross und Lichter (1992) kann der auch in dieser Studie verwendete Begriff ‚Terminalphase' so verstanden werden, dass der Tod innerhalb von Tagen eintritt. Der Begriff ‚terminal disease' bei Saunders (1984) hingegen umfasst einen Zeitraum von einigen Stunden bis Wochen oder sogar Monaten.

Bei Kranken im fortgeschrittenem Stadium gibt es gemäß Jonen-Thielemann und Pichlmaier (1994 und 1995) eine Unterteilung des Krankheitsverlaufes in vier Stadien: Rehabilitationsphase (Monate, manchmal Jahre), Präterminalphase (mehrere Wochen ... Monate), Terminalphase

---

[28] Palliativmedizin ist eine Fachrichtung in der Medizin, die sich nicht mehr mit dem Gesunden eines Menschen beschäftigt, sondern um diesen in seiner bestehen bleibenden Krankheit einen schützenden Mantel (lat. pallium) legt durch eine gute Symptomkontrolle und den Versuch einer ganzheitlichen Begleitung. Palliativmedizin arbeitet meist interdisziplinär.

[29] Bausewein/Roller/Voltz, Leitfaden Palliativmedizin, S. 12.

[30] Aulbert/Zech, Lehrbuch der Palliativmedizin, S. 678.

(wenige Tage bis zu einer Woche, der Kranke befindet sich an der Grenze seines Lebens) und Finalphase (einige Stunden ... ein Tag).

Nauck (2001) benutzt den Begriff ‚Finalphase‘ für den Zeitraum der letzten 72 Stunden, dehnt jedoch wiederum den Begriff der ‚Terminalphase‘ auf Wochen bis Monate aus.

In dieser Studie wird der Begriff Terminalphase so definiert, dass er die letzten 48 Stunden erfasst...“[31]

Also: Totale Verwirrung. Was aber in allen Überlegungen einheitlich ist, ist der Versuch der zeitlichen Definition. Meines Erachtens liegt darin eben das Problem. Wenn wir beispielsweise sagen, Frühling ist die Zeit zwischen dem 21. März und dem 21. Juni, dann haben wir feste, klar umrissene Daten, aber werden wir damit dem, was der Frühling bedeutet, auch nur ansatzweise gerecht? Schon eine Ausweitung des Bezuges, nämlich auf die Sonne hin, bringt uns der Wirklichkeit von Frühling näher.[32] Es ist die Zeit der Tag- und Nachtgleiche bis zum Punkt der kürzesten Nacht, eine Zeit, in der das Licht zunimmt auf der Erde. Die Folge dieser Zunahme des Lichtes ist die Auswirkung auf die Pflanzen, die zu keimen, zu knospen und zu wachsen beginnen. Damit kommt mehr in den Blickpunkt, dass es sich um eine Zeit neuen Lebens handelt. Aber mit diesem Denkansatz wird es zeitlich gesehen noch ungenauer. Ich lebe im Schwarzwald, etwa auf einer Höhe von 1000 Metern. Wenn ich zu Frühlingsanfang in die Rheinebene, beispielsweise nach Freiburg fahre, dann blühen da längst Krokusse, Tulpen und Forsythien und bei mir liegt noch ein halber Meter Schnee. Ist jetzt Frühling oder nicht? Es scheint auf die einzelne Situation anzukommen.

Aber bevor ich das versuche zu erklären, müssen wir einen kleinen Abstecher machen.

Das Leben trägt das Ende in sich

Wir sind an den Gedanken gewöhnt, dass alte Menschen sterben, aber da beginnt es schon – wer ist alt, alt genug zum Sterben? Ich erinnere mich an Verwandte, die nahe an 80 Jahren noch immer sagten, „wenn wir einmal alt sind, dann...“

---

31 La Fata Thewes, Symptomverlauf in der Terminalphase. Online im Internet: http://edoc.ub.uni-muenchen.de/2462/1/La_Fata_Thewes_Franca.pdf (letzter Zugriff am 31. 12. 2011), S. 12.

32 Vgl. Wikipedia, „Zeitraum“ im Artikel „Frühling“, Online im Internet: http://de.wikipedia.org/wiki/ Frühling#Zeitraum (letzter Zugriff am 11.07.2011).

Als meine älteste Tochter zu Beginn ihrer Gymnasialzeit einmal nach Hause kam, erzählte sie mir von einer alten Frau, die mit ihr im Bus gefahren sei und etwas zu ihr gesagt habe. Als ich fragte, wie alt denn die Frau gewesen sei, meinte sie, „etwa vierzig". Mir selbst fehlten zu diesem Zeitpunkt nicht mehr so viele Jahre an diesem Alter. Sich alt zu fühlen oder als alt angesehen zu werden, ist also relativ.

Dennoch hat die Natur so etwas wie eine Altersgrenze gesetzt. Die maximale Lebensspanne liegt heute wie ehedem bei 100 Jahren,[33] was in Einzelfällen auch einmal 122 Jahre und 164 Tage bedeuten kann, wie im Falle von Jeanne Calment.[34] Wissenschaftler haben herausgefunden, dass der Tod bereits genetisch eingebaut ist. Das Wissen über diesen Umstand ist im Grunde so alt wie die Menschheit. Viele Märchen erzählen von der Unausweichlichkeit des Todes.

Die Unausweichlichkeit des Todes

Aber es sterben nicht nur alte Menschen. Schwere Krankheiten und Unfälle verursachen auch schon bei jüngeren und jüngsten Menschen den Tod. Und auch alte Menschen sterben häufig nicht allein an Altersschwäche. Von den Krankheiten zählt neben den Herz-Kreislauferkrankungen jede Krebserkrankung zu einer Lebensbedrohung; es sind dies in der westlichen Welt wohl die häufigsten Todesursachen.

Manche Krebserkrankungen können mittlerweile geheilt werde, aber in vielen Fällen ist nur ein Aufhalten des Krankheitsverlaufs oder eine Verbesserung der Lebensqualität bei relativ unveränderter Lebenserwartung möglich. Manche Erkrankungen schreiten kontinuierlich fort, sind also nicht endgültig aufzuhalten – bestenfalls halten sie eine lange Weile still. Sie scheinen das Leben zu begrenzen. Wenn eine solche Krankheit im Endstadium ist, kann der oder die Kranke in einem Hospiz gepflegt werden.

Wir sind so sehr an den Zusammenhang von Krankheit und Sterben gewöhnt, dass wir allzu leicht auf den Gedanken kommen könnten, dass eine Krankheit die Ursache des Todes ist. Es sieht aber nach heutigen Forschungen so aus, als ob nicht nur Folgen von Abbauprodukten des Stoffwechsels, Krankheit, Umweltgiften und Strahlungen den Tod verursachen, sondern dass dieser auch genetisch bedingt ist.[35]

---

[33] Silbernagel, Pathophysiologie, S. 18.
[34] Jeanne Calment ist nach bisherigen Kenntnissen der Mensch, der das höchste Lebenalter erreicht hat.

Beim genaueren Hinschauen wird die Bestimmtheit zum Tode, die innere Uhr wichtiger als das, was von außen Grenzen und Ende zu setzen scheint. Im Zusammenhang dieser inneren Uhr haben Hunger und Durst eine besondere Bedeutung.

Hunger und Durst

Hunger und Durst, Essen und Trinken, sie sind immer wieder ein Streitthema zwischen dem Sterbenden und den Angehörigen, zwischen Pflegenden und Angehörigen, zwischen Pflegenden und Ärzten, zwischen Heimaufsicht und Pflegenden – kurzum, es ist das Thema am Lebensende.

Solange wir im Leben sind, leistungsfähig sind und sein wollen, braucht der Körper ein gewisses ausgewogenes Maß an Nahrung und Flüssigkeit. Dies unterscheidet sich darin, ob der Mensch schwer arbeitet oder eine körperlich nicht so anstrengende Arbeit ausführt, ob er krank ist – dann belastet die Nahrung vielleicht – oder rekonvaleszent – eine Zeit, in der er körperlich wieder aufbaut, ob es sich um eine Frau oder einen Mann handelt, ob die Frau schwanger ist usw. Wenn wir aber aus dem Leben gehen, gilt all dies nicht mehr. „Du musst doch etwas essen!", „Iss wenigstens mir zuliebe!" – dies ist nicht hilfreich für den, der geht. Wozu muss er oder sie essen? „Damit du bei Kräften bleibst."

Das ist der große Irrtum.

Es stimmt zwar leider, dass auf der Erde noch immer Millionen von Menschen, hauptsächlich Kinder, verhungern, dass es ein Sterben infolge von Nahrungsmangel gibt, aber hier geht es um etwas anderes. Mit der richtigen, ausreichenden und ausgewogenen Nahrung lässt sich weder Alter noch Krankheit aufhalten.

Im Fall einer fortgeschrittenen Tumorerkrankung scheint es so, als ob sich der Tumor all das holt, die Kraft, die Nahrung, einfach alles. Nahrung oder ein Zuviel an Flüssigkeit kann dabei eher belastend als unterstützend wirken. Wenn ein Mensch, der in naher Zukunft sterben wird, keinen Appetit mehr hat oder keinen Hunger, dann braucht er auch nichts zu essen. Und er wird, wenn er Durst hat, trinken. Wenn er nicht trinken kann, dann helfen Infusionen in der Regel nicht gegen den Durst, denn das Durstgefühl entsteht durch eine trockene Schleimhaut. Dieser kann man auch anders abhelfen, beispielsweise mit kleinen eingefrorenen Mengen an Saft oder mit

---

[35] Chytroschek/Daub/Rosenberg/Walter, Unser tägliches Sterben, Online im Internet: http: //www.wdr.de/tv/quarks/global/pdf/Q_Sterben.pdf (letzter Zugriff am 31. 12. 2011).

Ananasstückchen. In der Palliativmedizin ist man sich heutzutage einig, dass eine Menge von 500 ml Flüssigkeit oder weniger ausreichend ist. Eine Dehydration lässt den Menschen zwar eventuell eintrüben, mobilisiert aber auch körpereigene Endorphine, ermöglicht also eher einen leichteren Tod. Ein Mehr an Flüssigkeit bedeutet auch ein Mehr an Flüssigkeit, die wieder ausgeschieden werden muss, was jedes Mal eine große Unruhe und Anstrengung mit sich bringt. Es kann, je nach Krankheitsbild, auch bedeuten, dass die Flüssigkeit in Körperhöhlen, wie dem Bauch, dem Brustfell, eingelagert wird.

Bei alten Menschen, die nicht an einer Tumorerkrankung leiden, kommt auch dazu, dass sie weniger Hunger und Durst haben und dass dies zu einem normalen Alterungs- und später Sterbeprozess dazu gehört.

Unsere Hospizärztin hat immer wieder mit großem Erstaunen davon berichtet, mit wie wenig Nahrung ihre damals 90jährige Mutter über lange Zeit ausgekommen ist, mit unausgewogener Nahrung, wie zum Beispiel einem Stückchen Schokolade am Tag. In Pflegeheimen gibt es allerdings Vorschriften für die Ernährung und die Flüssigkeitsgabe, die vom medizinischen Dienst der Krankenkassen, MDK, überprüft werden. Um so wichtiger ist es, einen beginnenden Sterbeprozess zu erkennen, den dadurch veränderten Bedürfnissen des betagten Menschen nachzukommen und es gegenüber den Kontrollinstanzen vertreten zu können.

Sterben ist ganz eng mit dem Leben verbunden, es kommt sozusagen gleichzeitig mit dem Leben in die Welt und weist immer wieder auf das Leben hin.

Von daher ist es auch sehr schwierig, zu entscheiden, wann Sterben beginnt; es ist ein ähnliches Problem wie die Frage nach dem Todeszeitpunkt. Daher finde ich eine Beschreibung der Situation des Kranken dann am hilfreichsten, wenn damit möglichst wenig über die zur Verfügung stehende Zeit ausgesagt ist.

Die letzte Lebensphase

Wenn ich mich nicht auf eine zeitliche Begrenzung festlege, kann die letzte Lebensphase für Krebskranke und andere Menschen mit einer ziemlich klar eingeschränkten Lebenserwartung in vier Phasen eingeteilt werden:[36]
1.   Rehabilitationsphase
2.   Präterminalphase
3.   Terminalphase
4.   Zustand „in extremis"

---

[36] Aulbert/Zech, Lehrbuch der Palliativmedizin, S. 678.

In der *Rehabilitationsphase* kann der Kranke durch Unterstützung der Palliativtherapie noch am normalen gesellschaftlichen Leben teilnehmen. Hier hat der Tod schon einmal angeklopft, sich aber noch ein Weilchen verzogen. Schmerzen können beispielsweise mit einer guten Therapie bewältigt werden und auch andere Symptome der Krankheit lassen sich noch gut unterdrücken.

In der *Präterminalphas*e zeigt der Kranke deutliche Symptome, die aber durch umfangreiche Maßnahmen der Palliativtherapie beeinflusst werden können. Die Teilnahme am aktiven Leben ist deutlich eingeschränkt. Schwäche und Müdigkeit nehmen zu. Oft nehmen auch Hunger und Durst, vor allem aber der Appetit, ab. Auf Grund von Müdigkeit kann sich auch die geistige Leistungsfähigkeit vermindern. Schlafstörungen können jetzt auftreten, aber auch noch in einer späteren Phase.

In der nächsten Phase, der *Terminalphase*, lebt der Mensch deutlich an der Grenze des Lebens, er ist häufig dauerhaft bettlägerig, zieht seine Aufmerksamkeit von der Welt zurück, schaut beispielsweise keine Nachrichten mehr, interessiert sich nicht mehr für das, was um ihn herum vorgeht. Er nimmt Abschied. Gleichzeitig ist er unter Umständen von einer motorischen Unruhe getrieben, versucht das Bett zu verlassen. Manchmal kann man ein Frieren beobachten, das von innen kommt, oder ein Zittern, ähnlich wie beim Schüttelfrost. Manchmal kommt es vor, dass bei einem Sterbenden dieser „Schüttelfrost" auftritt, aber ohne eine Temperaturerhöhung und auch ohne Frieren. Es sieht aus, als ob etwas auf einem Rüttelsieb getrennt wird. Trennen sich hier die unterschiedlichen Körper des Menschen, die sich in ihrer Stofflichkeit von grobstofflich über feinstofflich bis geistig unterscheiden?

Recht häufig kommt es vor, dass noch einmal alle Kräfte mobilisiert werden. Dem kranken oder alten Menschen geht es so gut wie nie zuvor. Er sprüht noch einmal vor Leben – er versprüht sein Leben. Er steht vielleicht noch einmal auf, wenn es ihm sonst zu viel war, er ist klar entgegen seiner sonstigen Verwirrtheit.

Es kann aber auch – völlig entgegengesetzt – zu einem kaum beherrschbaren Schmerzeinbruch kommen. Ursache kann ein Fortschreiten des Tumors sein, ein Liegeschmerz auf Grund der zunehmenden Schwäche, aber auch einfach die Angst vor dem Tod.

Die Sterbephase

In der Sterbephase zieht sich der Sterbende noch mehr zurück, ist oft nicht mehr ansprechbar, manchmal unruhig, der Sinn für die Realität verändert sich.

Körperlich verändert sich meistens die Atmung und die Durchblutung der Haut, sowie der Puls.

Dieser wird manchmal schnell, flach, unregelmäßig. Man erkennt eine weißes Mund-Nase-Dreieck, der Sterbende bekommt eine spitze Nase. Die Haut wird bläulich marmoriert, oft beginnend an den Beinen; die Extremitäten werden kalt, manchmal aber auch fiebrig. Häufig verändert sich der Atemrhythmus, Atempausen treten auf, mancher scheint beim Finish eines langen Laufes zu sein. Durch Wegfall des Hustenreflexes kommt es bei Rückenlage oft zum terminalen Rasseln.

In der unmittelbaren Sterbebegleitung des Hospizes waren meine Kolleginnen und ich immer wieder überrascht, in wie vielen kleinen, deutlich sichtbaren Schritten ein Sterbeprozess voran schreiten kann.

Oft staunten wir, dass jemand „auf einer noch kleineren Flamme" leben konnte und das nicht nur für wenige Stunden, sondern für etliche Zeit. Ich erinnere mich an eine Frau mittleren Alters, die auf Grund tragischer Umstände an einer fortgeschrittenen HIV-Infektion sowie einer Tuberkulose litt. Sie war nicht bei Bewusstsein, von der körperlichen Verfassung sah sie aus, wie wir es von den Bildern aus Konzentrationslager kennen, nur von Haut zusammengehaltene Knochen. Wie wir noch in Teil III, Wege im Grenzland, sehen werden, beeinflusst nicht nur der körperliche Zustand den Sterbeprozess, sondern noch viele andere Dinge.

Was den Angehörigen in der letzten Phase oft am meisten zu schaffen macht, ist die veränderte Atmung des sterbenden Menschen. Sie kann schneller sein, wie bei einem Langstreckenlauf, oder es kann Atempausen geben, in denen sich jeder, der daneben sitzt, fragt, kommt der nächste Atemzug oder nicht? Hier wäre es gar nicht gut, den Sterbenden etwa anzurufen oder zu schütteln, damit er wieder atmet. Er wird es möglicherweise tun, wird wieder einen Atemzug tun, aber hat er nicht auch ein Recht, gehen zu dürfen? Die Atmung kann sich aber auch anhören wie eine Dampfmaschine. Oder es kann ein so genanntes *Todesrasseln* geben. Es entsteht dadurch, dass der Speichel nicht mehr geschluckt wird, auch nicht abgehustet, und sich wenig Flüssigkeit im Rachen ansammelt; es brodelt dann. Auch für mich erstaunlich scheint es den Sterbenden nicht zu beeinträchtigen.

Ich erinnere mich an einen Mann, der mit solch einem starken Rasseln sterbend da lag. Litt er darunter, mussten wir etwas unternehmen, zum Beispiel umlagern oder ein Medikament geben, das die Speichelsekretion drosselt, oder etwa sogar absaugen? Es gibt Situationen, in denen Absaugen hilfreich ist, aber häufig geschieht es, um Angehörige zu schonen. Für uns war entscheidend, ob der Sterbende gequält aussah. War das Gesicht angespannt oder entspannt, kämpfte er um Luft? In diesem Fall wachte der Mann zwischendurch immer einmal auf und wir konnten ihn fragen nach Atemnot, Durst, ob ihn irgend etwas quäle. Er verneinte alles, es ginge ihm gut – trotz Rasselatmung.

Das häufigste sichtbare Zeichen ist eine verminderte Durchblutung der Haut. Dies wird deutlich an blauen Flecken, Marmorierungen an den Füßen und Knien, an kalten Händen. Manchmal ist diese Minderdurchblutung nur eine Weile vorhanden und verschwindet vorübergehend wieder. Auch sie scheint den Sterbenden nicht zu quälen. Daher ist es hier auch nicht hilfreich, etwa die Hände zu wärmen oder die Füße ordentlich zu reiben. All das holt den Sterbenden mit ziemlicher Gewalt in die Welt zurück und er kann nicht in Frieden gehen. In seltenen Fällen kommt es zu einem regelrechten Frösteln, Bibbern des ganzen Körpers. Die Menschen sprechen dann auch von einer Todeskälte und es helfen keine Wärmeflaschen und Deckbetten, da sie wie von Innen heraus auftritt. Aber dies ist vorübergehend.

Bei all dem, der veränderten Atmung und der veränderten Durchblutung, ist der Sterbende meistens nicht richtig bei Bewusstsein. Was meine ich damit? Zum einen kann es sein, er liegt tatsächlich in einem mehr oder weniger tiefen Koma, aber oft ist der Fokus des Bewusstseins nur verschoben, nach Innen gerichtet.

Etwas Ähnliches kenne ich aus der Meditation. Wenn ich sitze und den Atem beobachte, dann nehme ich den Vogel draußen und das vorüberfahrende Auto und den schniefenden Sitznachbarn schon wahr, aber auch wieder nicht, ich schenke ihm nämlich keine Aufmerksamkeit. So ähnlich ist es mit den Sterbenden. Sie sind in ihrer Welt. Hier gibt es unter Umständen Wahrnehmungen von anderen Sphären, es tauchen etwa bereits Verstorbene der Familie auf, himmlische Klänge werden gehört.ich würde dies nicht als Halluzinationen einstufen und es bedarf keiner Behandlung.

Aber es gibt auch Unruhe und Bewegungstendenzen, die oft eine ordnende Struktur sichtbar machen, ein Sortieren, Aufräumen. Man kann dann unter Umständen sehen, wie mit den Händen imaginäre Fäden sortiert werden. In diesem Ordnen ist der Sterbende mit seinem Bewusstsein nicht hier bei dem, der neben seinem Bett sitzt. Wahrscheinlich hört er, aber er reagiert nicht. In manchen Fällen gibt es in der Unruhe Bewegungstendenzen zum Aufstehen, ein Laufen im Bett. Es kann auch hilfreich sein, diese Tendenzen zu unterstützen und dem geschwächten Kranken in seinem Auf und Nieder zu helfen.[37] Es ist die Unruhe des Aufbruchs.

Manchmal redet der Sterbende, aber selten, und noch seltener gibt es diesen theatralischen letzten Satz, den man aus Filmen kennt, das letzte Vermächtnis

---

[37] Vgl. hierzu auch Mindell, Schlüssel zum Erwachen. Sterbeerlebnisse und Beistand im Koma.

an die Zurückbleibenden. Es ist gut, wenn man die letzten Sätze nicht aufhebt für das Ende des Lebens, sondern sie dann sagt, wenn sie dran sind – Sätze von Liebe, Dankbarkeit und Verzeihen.

Ich erinnere mich an eine alte Dame im Krankenhaus. So weit ich weiß, war sie wegen Herzrhythmusstörungen da. Mittags klingelte sie:

„Rufen Sie meine Tochter an, mir geht es so schlecht. Ich sterbe." Für mich gab es keinen Moment einen Zweifel an der Wahrheit dieser Worte. Ich rief die Tochter an und bat sie zu kommen. Sie machte sich sofort auf den Weg. Ich ging zu der alten Dame zurück. Was sich veränderte, war kaum zu fassen, aber ich spürte deutlich, dass sie starb. Dabei war sie wach, atmete unverändert und ich sprach mit ihr. Aber sie entglitt regelrecht. Die Tür ging auf, die Angehörigen kamen zur Tür herein und sie tat ihren letzten Atemzug.

Sterbephasen im Verständnis des tibetischen Buddhismus

Wir haben bisher einen kurzen Blick auf Sterbephasen aus medizinischer und psychologischer Sicht geworfen. Wie ich bereits in dem Kapitel über das Verständnis des Sterbens gezeigt habe, gibt es noch mindestens eine weitere Sicht auf diesen Prozess, und zwar so, wie er dem Tibetischen Totenbuch zu Grunde liegt.

In den Vorstellungen des Tibetischen Totenbuches gibt es acht Stufen, die sogenannten *Bardos*. Der Dalai Lama beschreibt das vierte Stadium des acht Stufen dauernden Sterbeprozesses: „Meistens wird dieser Moment als Eintritt des Todes betrachtet, denn der Herzschlag hat aufgehört und die Atemfunktionen sind zum Stillstand gekommen. Ein Arzt würde den Betreffenden für tot erklären. Nach unserer Tradition jedoch ist der Betreffende noch im Sterbeprozess. Er ist noch nicht tot. Die mit den Sinnen verbundenen Bewusstseinskräfte haben zwar aufgehört, aber das mentale Bewusstsein ist durchaus noch da. Das bedeutet aber nicht, dass man noch zum Leben zurückkehren könnte."[38] Nach dieser Definition gibt es vier Bardos, die aus unserer naturwissenschaftlichen Sicht noch in das Leben fallen,

---

[38] Wilber, Tod, Wiedergeburt und Meditation; in: Transpersonale Psychologie und Psychotherapie. 11. Jahrgang, Heft 2, 2005, S. 51.

also ganz eindeutig Sterbephasen sind, und vier weitere, die zeitlich gesehen nach dem medizinisch definierten Tod folgen. Ken Wilber, der seine Frau in ihrer letzten Lebensphase sehr eng begleitet hat, beschreibt dies folgendermaßen: „Der Tod ist ein Prozess, in dem sich die große Kette des Seins für das Individuum auflöst, und zwar von unten nach oben. Beim Tod also löst sich der Körper in den Geist auf, dann der Geist in die Seele und dann die Seele in den GEIST. Und jede dieser Auflösungen wird durch einen spezifischen Satz von Ereignissen markiert. Zum Beispiel ist das Auflösen des Körpers in den Geist der aktuelle Prozess des physischen Sterbens."[39]

Der Teil des Prozesses, der im Moment interessiert, ist die Auflösung des Körpers in den Geist. Wilber schreibt: „Dabei soll es fünf externe Anzeichen geben: der Körper verliert seine physische Kraft; unsere Sicht wird unklar und verschwommen; der Körper wird schwer und fühlt sich, als würde er ‚sinken'; das Leben geht aus den Augen; das Aussehen des Körpers verliert seinen Glanz."[40] Dies sind Vorgänge, die sich auch beobachten lassen: Der Verlust der physischen Kraft zeigt sich zum Beispiel darin, dass ein Mensch bettlägerig wird. Das Gefühl des „Sinkens" hat ein noch recht junger Kranker einige Tage vor seinem Tod mit den Worten beschrieben: „Ich wusste gar nicht, wie schwer es ist, den Körper aufrecht zu halten, selbst im Liegen." Der deutsche Sprachraum kennt die Wendung „das Auge bricht", um das aus den Augen schwindende Leben zu beschreiben.

---

[39] Ebd.
[40] Ebd.

Teil II

Orte im Grenzland

Was ist ein Hospiz?

Bevor ich nun zu dem Teil des Buches übergehe, in dem ich ein größeres Gewicht auf Beobachtungen am Sterbebett legen will, ist es hilfreich, dass Sie den Hintergrund kennen, vor dem diese Erfahrungen und Beobachtungen gemacht wurden, nämlich in einem stationären Hospiz in Deutschland.

Ich habe nie wieder in meinem Leben so viel gelernt wie in dieser Zeit. Schnell gab ich es auf, Pläne zu machen, weil dann doch alles anders kam, als eben geplant, und lernte immer mehr, im Jetzt zu leben, im Sehen, was jetzt erforderlich, hilfreich war, aber auch im Sehen, was schön war. Eine frisch erblühte Blume vor der Haustür, ein Sonnenstrahl, ein Vogelgezwitscher wurde zu einem tiefen Erlebnis.

Möglicherweise haben Sie den Begriff Hospiz schon einmal gehört und wissen wie viele andere auch grob, worum es sich dabei handelt, aber dann sind doch recht bedeutsame Unklarheiten zu finden.

Der Begriff selbst ist sehr alt und bedeutete früher nur so etwas wie eine Herberge für Reisende, für Pilger. Besonders im nicht-deutschsprachigen Raum ist diese Bedeutung auch heute noch erhalten und wir bekamen in unserem Hospiz so manche Anfrage nach einer günstigen Übernachtung. Es war sicherlich auch früher schon so, dass ein Reisender, der schwer erkrankt war und nicht weiter konnte, auch dort starb.

In gewissem Sinne sind Sterbende ja auch Reisende. Die Ideen vom Koffer packen, vom nach Hause fahren, die manche Sterbende beschäftigen, sprechen auch davon.

Aus diesem Zusammenhang heraus werden die Menschen, die in einem Hospiz leben, auch als Gäste bezeichnet, was den hohen Stellenwert unterstreicht, den sie einnehmen. Sie werden behandelt wie Gäste, die uns besuchen kommen, denen zuliebe beispielsweise eine besondere Mahlzeit gekocht wird, für deren Wohlergehen wir auch in unserem privaten Umfeld einiges unternehmen würden. So auch im Hospiz.

Die ersten Hospize waren auch eher private Einrichtungen, in denen Menschen anderen im Sterben und zum Sterben einen Ort gaben. Solche – halb privaten – Einrichtungen gibt es noch immer, beispielsweise das Hospiz in Weyarn, in dem Menschen, die ihre letzten Lebenstage bewusst verbringen wollen, aufgenommen und begleitet werden. Die Pflege wird dort jedoch durch eine ambulante Pflege gewährleistet und das Haus ist keine Pflegeeinrichtung im Sinne unseres Gesundheitswesens und des Sozialgesetzbuches, obwohl sicherlich dort eine gute Begleitung der Menschen stattfindet.

Allerdings hat sich heute mit steigender Tendenz aus diesen ersten Vorstellungen längst eine Einrichtung des Gesundheitswesens entwickelt. Das bedeutet, dass der Aufenthalt in einem zugelassenen Hospiz von der

Krankenkasse bezahlt wird, was auch heißt, dass es Richtlinien gibt. Diese sind zunächst in der „Rahmenvereinbarung... der stationären Hospizversorgung" niedergelegt. Dabei handelt es sich um eine noch recht junge Vereinbarung, die erstmals 1998 zwischen dem Dachverband der Krankenkassen und den wichtigsten deutschen Wohlfahrtsverbänden abgeschlossen wurde. Die rechtlichen Regelungen sind daher, bei aller Zusammenarbeit im deutschsprachigen und internationalen Raum, unterschiedlich.

Außerdem haben die meisten Hospize einen Förderverein oder eine Stiftung hinter sich, die auch über diese Finanzierung hinaus Gelder zur Verfügung stellen, so dass in einem Hospiz eine weit umfangreichere und – ich möchte fast sagen – luxuriösere Versorgung stattfinden kann als in anderen Einrichtungen des Gesundheitswesens. Neben einer wohnlichen und ruhigen Atmosphäre besteht ein Luxus darin, dass es einen hohen Bestand an Pflegepersonal gibt, so dass eine Krankenpflegeperson nur sehr wenige Kranke betreuen muss, was angesichts der Schwere der Erkrankung und der damit verbundenen Komplikationen auch erforderlich ist.

Ein Hospiz soll ortsnah eine familienähnliche Versorgung ermöglichen. Daher sind Hospize klein und umfassen zwischen 6 bis 16 Betten – auf Deutschland bezogen.

Wer kann nun in solch ein Hospiz kommen? Hospize im Sinne der Rahmenvereinbarung sind nur für Menschen, die bestimmte Voraussetzungen erfüllen: eine Versorgung zu Hause ist nicht möglich und eine Versorgung im Krankenhaus nicht erforderlich – zum Beispiel, weil keine Verbesserung der gesundheitlichen Situation erwartet werden kann. Die Lebenserwartung beträgt nach ärztlichem Ermessen nur wenige Tage bis Wochen und der Kranke muss eine Erkrankung haben, die fortschreitend ist. Dazu gehören alle Krebserkrankungen (sie machen den weitaus größten Teil der Krankheiten aus), dann Erkrankungen des Nervensystems, wie beispielsweise MS oder ALS, Aids und Endstadien chronischer Erkrankung, worunter man beispielsweise eine dialysepflichtige Nierenerkrankung rechnen kann, bei der der Patient sich entscheidet, keine Dialyse mehr durchführen zu lassen. In all diesen Fällen kann der Schwerkranke in ein Hospiz aufgenommen werden und die Krankenkasse zahlt die Kosten.

Nicht in einem Hospiz leben und sterben Menschen, die Opfer eines Unfalls werden oder die große Zahl derer, die auf Grund ihres fortgeschrittenen Alters sterben. Von daher sind Hospizgäste auch nicht zwangsläufig alt. Viele der von mir begleiteten Menschen waren im mittleren, noch erwerbstätigen Alter, manche sehr jung (19 Jahre alt) und manche auch sehr alt.

Ein weiteres wichtiges Element ist die Aufenthaltsdauer. Bei einer durchschnittlichen Dauer des Aufenthalts im Hospiz zwischen 17 und 21 Tagen – diese Zahl variiert je nach zugrunde gelegtem Jahr und auch nach dem Hospizstandort – gab es Schwerkranke, die schon nach wenigen Stunden verstarben und ganz wenige, die viele Monate, im Einzelfall sogar ein Jahr, Gäste waren. Das führte dazu, dass in dem Hospiz, in dem ich 7 Jahre arbeitete, pro Jahr etwa 120 Menschen starben.

Manchmal geschieht es sogar, dass der Kranke nicht im Hospiz stirbt, sondern wieder nach Hause oder in ein Altenheim entlassen werden kann. Was zeigt, dass das letzte Wort über Leben und Sterben eben nicht der Mensch hat.

In einem Hospiz kann eine palliative Versorgung durchgeführt werden. „Palliativ" kommt vom Lateinischen „pallium" (Mantel) und bedeutet, dass der Kranke in einen schützenden Mantel einer symptomorientierten Therapie eingehüllt wird, dass Schmerzen, Übelkeit, Luftnot, all die körperlichen Bedrohungen genommen werden, die mit dem Sterben zusammenhängen können. Das Hospiz unterscheidet sich von einer Palliativstation dadurch, dass auf der Palliativstation die Aufenthaltsdauer begrenzter ist (etwa vier Wochen) und dass in der Regel auf der Palliativstation eine medizinische Einstellung einer Therapie erfolgen soll, die dann zu Hause oder in einem Hospiz fortgesetzt werden kann.
Natürlich kann es auf Grund der Tatsache, dass all das oft nahe an der Grenze des Lebens stattfindet, auch sein, dass ein Mensch auf der Palliativstation stirbt. Palliativstationen sind an Krankenhäuser angeschlossen und haben angestellte Ärzte, während Hospize auf die Versorgung durch einen niedergelassenen Hausarzt zurückgreifen. In der Praxis gibt es allerdings verschiedene Formen, das ärztliche System zu erweitern und zu modifizieren.

Hospize gingen ursprünglich aus dem ehrenamtlichen Engagement von ambulanten Hospizvereinen hervor, denen deutlich wurde, dass es in manchen Fällen eine Rundumbetreuung in einem eigenen Haus braucht. Die Palliativmedizin hat sich dagegen viel mehr aus der Fachlichkeit der Medizin heraus entwickelt, die damit ein bisher noch recht unbekanntes Fachgebiet auf- und ausbaut, aus der Notwendigkeit heraus, die Lebensqualität in den Mittelpunkt der Behandlung zu rücken. Dies geschieht in einem Stadium, wo die Lebensquantität nicht mehr im Blickpunkt einer heilenden Therapie steht. Und so heißt ein berühmter Ausspruch der englischen Begründerin der Hospizbewegung Ciceley Saunders auch, „nicht dem Leben mehr Tage, sondern den Tagen mehr Leben geben."

Andere Sterbeorte

Selbstverständlich wird außerdem zu Hause, im Krankenhaus und vor allen Dingen im Altenheim gestorben. Besonders im Altenheim wird die Zeit vom Einzug bis zum Tod des Bewohners im Durchschnitt immer kürzer und liegt zum Teil nur noch bei einem Jahr. Auf der Plattform „Pflegewiki" wird die Stellungnahme des nationalen Ethikrates in Berlin aus dem Jahre 2006 zitiert. Darin heißt es: „Jährlich versterben ca. 850.000 Menschen in Deutschland, 90% davon in Krankenhäusern, Hospizes oder Pflegeeinrichtungen; im Krankenhaus 46% (~390.000 Menschen), im stationären Hospiz 1% (~8000 Menschen), im Alten- und Pflegeheim 43% (~365.000 Menschen). 75% der Heimbewohner wurden direkt aus dem Krankenhaus in ein Alten- oder Pflegeheim entlassen. 30% der Bewohner der Pflegeheime versterben innerhalb der ersten drei Monate nach ihrem Einzug (Tendenz steigend). Die durchschnittliche Verweildauer beträgt mittlerweile weniger als 12 Monate."[41] Bedenkt man dann noch, dass etliche der Menschen, die im Krankenhaus versterben, aus einem Altenheim dorthin verlegt wurden, dann steht das Altenheim mit großer Wahrscheinlichkeit an der ersten Stelle der Sterbeorte in Deutschland.

„Ich habe hier erst gelernt, wie schön das Leben ist"

Vom Sterben wird meistens in keiner Einrichtung gern gesprochen, denn es macht den Menschen bereits im Vorfeld Angst. Statt vom Sterben spricht man im Hospiz daher vom „Leben bis zuletzt". Natürlich gehört das Sterben zum Leben. Aber bei der Geburt sprechen wir auch nicht vom „Leben von Anfang an". Wenn Sterben nicht mehr als etwas Besonderes im Leben benannt wird, dann verliert sich das Bewusstsein für seinen Durchgangs- und Wandlungsaspekt.

Gewiss, wir können den Weg nicht mitgehen, aber wir können begleiten, in dem Teil des Lebens, den wir Sterben nennen. Und es ist auch wichtig zu benennen, was wir tun, denn erst das ermöglicht dem Begleiteten, dem Sterbenden, mit denjenigen zu reden, die den Weg begleiten. Dann können die

---

[41] Vgl. PflegeWiki, „Umgang mit Verstorbenen". Online im Internet: http://www.pflegewiki.de/wiki/Umgang_mit_Verstorbenen (letzter Zugriff am 7.1.2012).

Begleiter „Therapeuten" werden, „Begleiter auf dem Weg zum Heil", wie Graf Dürckheim[42] sagte, zu einem Heil, das nicht in der Gesundheit, sondern in der Ganzheit (whole, Holon) liegt.

Auf diesem Weg zur Ganzheit kann es dann sehr wohl geschehen, dass gerade die Auseinandersetzung mit dem Sterben Leben bedeutet. Die Geschichte eines Mannes soll dazu als ein Beispiel dienen:

Herr S. konnte gar nicht selbst nach dem Hospizplatz nachfragen. Die Nachbarin, die den alleinstehenden Mittsechziger bis dahin zusammen mit der Familie und Freunden versorgt hatte, organisierte ein Erstgespräch. Herr S. hatte ALS [43].

Wenn hier steht, Herr S. hatte ALS, dann verbirgt sich dahinter bereits ein monatelanger Kampf gegen die Krankheit, das verzweifelte Bemühen, sich die Selbstbestimmtheit und Selbstständigkeit zu erhalten. Bereits am Hauseingang sah ich eine große Rampe für einen Rollstuhl. Herr S. hatte einen Elektrorollstuhl, den er mit zwei Fingern der linken Hand bedienen konnte. Das war es aber auch schon. Er konnte außer diesen zwei Fingern und dem Kopf nichts bewegen. Diese Entwicklung musste er innerhalb eines knappen Jahres hinnehmen. Er musste gewaschen, zur Toilette gebracht und angekleidet werden. Das Essen wurde ihm angereicht, aber das Schlucken bereitete bereits Probleme. Abends wurde er ins Bett gelegt, konnte sich nicht auf die Seite drehen oder irgendeine Lageveränderung vornehmen, ja nicht einmal sich bemerkbar machen, wenn er in Not geriet, weil sich etwa Schleim gebildet hatte, den er nicht abhusten konnte und der die Atmung erschwerte. Es gab eine Reihe von Hilfsmitteln: ein Gerät arbeitete wie ein Fahrrad, nur, dass nicht Herr S. die Pedale trat, sondern dass die Pedale seine Beine bewegten. Außerdem gab es einen Aufrichter, mit dessen Hilfe er sich in diesem Stadium noch hinstellen konnte. Die meiste Kommunikation bewältigte er über einen Computer. Aber es gab auch ein Gerät, das Buchseiten umblätterte, so dass Herr S. ohne Hilfe ein Buch lesen konnte. Man kann sich kaum vorstellen, wie viel Einsatz allein die Organisation all dieser Hilfsmittel gebraucht hatte. Der Kampf gegen die Krankheit war zum Lebensinhalt von Herrn S. geworden. Es grenzte für mich an ein kleines

---

42   Dürckheim, Von der Erfahrung der Transzendenz, S. 157.

43   ALS-Amyotrophe Lateralsklerose ist eine Krankheit, die fortschreitend – manchmal über Jahre, in anderen Fällen über Wochen oder wenige Monate – verläuft und zur Zeit nicht heilbar ist. Es gibt zwei Hauptformen, die nach dem Beginn der Erkrankung unterschieden werden. Eine Form beginnt mit Schluckbeschwerden, eine andere mit Gangunsicherheit und führt über eine aufsteigende Lähmung zur kompletten Lähmung der willkürlichen Muskulatur, davon betroffen ist auch die Atemhilfsmuskulatur, das Schlucken, das Sprechen, die Bewegung und das Halten des Kopfes, die Mimik. Nicht betroffen ist die Klarheit des Verstandes. Sie bleibt bis zum Schluss erhalten.

Wunder und zeigte einen überaus engagierten Einsatz von Familie und Freunden, dass Herr S. bisher zu Hause bleiben konnte.

Als ich Herrn S. kennen lernte, war eine Verständigung mit ihm noch möglich. Er hatte einen Hund, den er gern mitnehmen wollte und legte großen Wert darauf, dass seine Vorstellungen, wie es sein sollte, respektiert wurden.

Herr S. hatte eine Patientenverfügung, in der er künstliche Ernährung ablehnte.

Bereits am darauf folgenden Wochenende wurde er aufgenommen — ohne Hund — und es fällt schwer, sich ein eingeschränkteres Leben als das beschriebene vorzustellen. Dieses Leben war zu diesem Zeitpunkt eigentlich nur Kampf.

Im Laufe der Zeit — Herr S. lebte sechs Monate bei uns — veränderte sich vieles. Und als das Schlucken gar nicht mehr ging und wir uns mehr oder weniger weigerten, ihm weiterhin Nahrung und Flüssigkeit anzureichen, da mehr in der Lunge als im Magen zu landen drohte, kämpfte er mit seinem Entschluss, keine künstliche Ernährung zu wollen. „Sie dürfen leben wollen", sagte ich zu ihm, „nur Sie können entscheiden, ob dieses Leben, so wie es nun einmal ist, lebenswert für Sie ist. Und was in Ihrer Patientenverfügung steht, ist unwichtig, solange wir Sie fragen können." Er entschloss sich zur Magensonde.

Es war ein frühes, wunderschönes Frühjahr und ein herrlicher Sommer. Er genoss Sonne, Vegetation, Tiere, Besuche, die Zeit in vollen Zügen. Er lernte die unterschiedlichen Mitarbeiter schätzen und die meisten mochten ihn schon allein seines mitreißenden Lachens wegen.

An einem der letzten Tage, als ihm selbst das Schreiben in den Computer über eine Kopfsteuerung große Probleme bereitete, schrieb er mir auf: „Danke für alles. Ich habe hier erst gelernt, wie schön das Leben ist."

Teil III

Wege im Grenzland

Herr, gib jedem seinen eignen Tod.
Das Sterben, das aus jenem Leben geht,
darin er Liebe hatte, Sinn und Not.

R. M. Rilke[44]

In diesem Teil des Buches will ich vor allem auf den Prozess oder auch auf einzelne Prozessschritte eingehen, die ich glaube, im Sterben erkennen zu können, und darauf, wie diese Schritte sich im individuellen Fall äußern können. Dabei geht es stets um einen Prozess, der zwar in der Einheit von Körper, Geist und Seele beginnt, aber bereits von der Aufgabe der Trennung weiß – von der Exkarnation. Es geht um ein Mysterium, das einen bestimmten Ablauf hat, der sich individuell auffaltet. Und die Frage ergibt sich, wo denn dieses „es", das von der Trennung weiß, anzusiedeln ist. In meiner Wahrnehmung gibt es da eine übergeordnete Instanz, die mehr ist als Körper, Geist und Seele, ja mehr als die Einheit dieser Drei, eine wissende Instanz, eine Prozess steuernde Instanz, die in uns und gleichzeitig wie von außen wie eine Schaltzentrale wirkt. Diese Instanz nenne ich Zentrum.

Dieses *Zentrum* wird in der Literatur unterschiedlich benannt, und die Unterschiede zwischen den Begrifflichkeiten sind fließend und undeutlich, was auch damit zusammenhängen mag, dass die Menschen, die die Begriffe prägten, im Laufe der Zeit eine Entwicklung hinsichtlich dieser zentralen Fragestellung durchgemacht haben. Um das Zentrum zu benennen, verwendet C. G. Jung den Begriff „Selbst", Karlfried Graf Dürkheim den Begriff „Wesen", Maria Hippius Gräfin Dürckheim den Begriff „Kern".

Beginnen will ich allerdings mit dem Gedanken der Entelechie, der besagt, dass im Anfang bereits das Ziel, das Ende, inbegriffen ist und sich alles nach einem vorbestimmten Muster auf dieses Ende zu bewegt.

Nehmen wir den Kern eines Apfels, dann befindet sich in diesem Kern bereits der ganze Baum, zu dem sich dieser Kern entwickeln könnte: der Wuchs, die Blätter, Rinde, Blüten und Früchte, der Geschmack der Äpfel, die Zeit der Blüte und der Reife – all dies und noch vieles mehr ist in diesem Kern enthalten. Und auch wenn sich heute vieles durch die Entschlüsselung der genetischen Codes erklären lässt, ist damit das Geheimnis des Lebens selbst noch nicht gelüftet und der Kern bleibt ein großes Geheimnis.

Beim Menschen ist es ähnlich wie beim Apfelkern. Ab der Empfängnis entwickelt sich der Mensch und strebt einer bestimmten Form zu. Dürckheim bezeichnet diese Form als inbildhaft, das heißt, sie ist zuerst in einem Innen

---

[44] Rilke, Die Gedichte, S. 293.

implizit vorhanden, bevor sie im Außen, explizit, sichtbar wird. Wir wissen heute, dass das Ungeborene bestimmt, wann die Wehen einsetzen und der Geburtsprozess beginnt. Und mir erscheint, dass es sich mit dem Sterben ähnlich verhält. Dass es etwas gibt, was in den Prozess drängt und nun aber exkarniert werden will.

Was ist es aber, das durch diese entelechiale Entwicklung zur Entfaltung drängt?

C. G. Jung verwendet für das zentral Steuernde den Begriff des Selbst. „Das Selbst enthält alles allgemein menschliche, archetypische... und individuelle... Potenzial. Es organisiert und strukturiert alle Entwicklungsprozesse körperlicher wie psychischer Art." Und weiter: „Das Selbst kann auch als Ur- oder Basis-Archetyp verstanden werden, denn die Idee einer allumfassenden Einheit und Ganzheit der Existenz, aus der sich individuelle Existenz entwickelt, ist in allen Kulturen zu finden."[45]

Allerdings legte Jung immer großen Wert darauf, nur über die psychischen Aspekte zu sprechen (wobei er der Überzeugung war, dass nur eine Existenz innerhalb der Psyche denkbar sei), ohne damit etwas über metaphysische Hintergründe auszusagen. Trotzdem beschreibt er das Selbst als eine Konstruktion, die „als ‚der Gott in uns' bezeichnet werden [könnte]. Die Anfänge unseres seelischen Lebens scheinen unentwirrbar aus diesem Punkte zu entspringen, und alle höchsten und letzten Ziele scheinen auf ihn hinzulaufen."[46]

Wenn ich nun im Folgenden den Begriff des „Selbst" verwende, werde ich mich daher – wie Jung fordert – nur auf die psychischen Aspekte des Phänomens beziehen. Zudem steht mit dem Begriff des „Wesens" bei Karlfried Graf Dürckheim eine weiter gefasste Begrifflichkeit zur Verfügung:

Der Begriff „Wesen" stammt nicht aus dem psychologischen Kontext, sondern aus dem philosophischen und auch dem metaphysischen Bereich. Wesen ist das, was durch alle Veränderungen und Wandlungen hindurch gleich bleibt. Es ist das Seiende, das aber nicht angeschaut, sondern nur im Sein erfahren werden kann.

In den Dogmen der katholischen Kirche gibt es drei unterschiedliche Begriffe, mit denen die Gottheit gefasst wird: Person, Natur und eben Wesen. Dem Menschen werden nach der Glaubenslehre zwei Wesensbestandteile zugeschrieben, ein materieller Leib und eine geistige Seele. Dürckheim, der nach eigenen Worten stark von Meister Eckhart geprägt war,[47] nimmt

---

[45] Müller/Müller, Wörterbuch der analytischen Psychologie, S. 376 f.

[46] Jung, GW 7, § 399.

[47] Meister Eckhart (1260 - 1328), der auf Lateinisch und Mittelhochdeutsch schrieb, verwendete das Wort „Wesen". Es ist sowohl ein Verb als auch eine substantivierte

„Wesen" aus dem Kontext einer Objektbeziehung, indem er schreibt: „Das Wort Wesen bezeichnet für uns den Inhalt einer besonderen Erfahrung... der Erfahrung des in ihm [dem Menschen] und allen Dingen anwesenden, überweltlichen göttlichen Seins."[48] Das Sein ist in uns in unserem Wesen anwesend und drängt zur Manifestation.[49] Im Wesen ist die personale Gestalt angelegt: „Es ist die Richtkraft des Seins in unserem Wesen, das unabdingbar durch alle Deformationen unseres Schicksalsleibes hindurch auf eine bestimmte Gestalt unseres Menschseins hinzielt."[50]

Diese Gestalt scheint sich letztlich erst im Sterben endgültig zu erfüllen. Es kommt mir vor, als ob sich zwischen Inkarnation und Exkarnation das Sein durch eine Gestalt fädelt und sich damit auf eine ganz bestimmte Weise in der Welt manifestiert. Damit öffnet sich die menschliche Gestalt der Transzendenz und der jeweilige Schicksalsleib, d. h. der Mensch, so wie er unter den konkreten weltlichen Umständen geworden ist, wird zum Zeugen des Überraumzeitlichen. „Wenn wir das Zeitlose berühren, leuchtet auch im Zeitlichen ein Funke der Ewigkeit auf. Wo uns das Raumlose erfüllt, wird alles im Umkreis durchsichtig zum Unendlichen hin. Raum und Zeit [und ich möchte hinzufügen Leben und Tod. *Anm. des Verf.*] werden deutlich als zwei Weisen, in denen sich das Überraumzeitliche sowohl offenbart als verbirgt."[51]

In diesem Zusammenhang sprechen Maria Hippius und Graf Dürckheim immer wieder auch vom „inneren Christus". Wichtig hierin ist, dass es nicht um eine „imitatio Christi", das heißt, eine Nachahmung Christi, geht, sondern darum, in eigener Weise und Treue das Inbild des menschgewordenen Gottes zu verwirklichen.

Als Letztes möchte ich noch den Gedanken des „Kerns" von Maria Hippius aufgreifen. Einerseits wird mit der Vorstellung eines Kerns eine entelechiale Entwicklung impliziert. Andererseits ist diesem Kern eine Tiefenlotung

Form. Als Verb bedeutet es „leben" und „weben", d. h. „existieren", „da sein". Es geht auf die indogermanische Wurzel *es = „verweilen" zurück (vgl. lateinisch „esse", „essentia" und „existenz"). Zur damaligen Zeit war die theologische Sprache lateinisch und der auf Gott bezogene Gebrauch von „substantia" und „essentia" forderte im Mittelhochdeutschen ein eigenes Wort, als das sich bei den Mystikern „Wesen" durchsetzte (vgl. „Wesen" in Grimms Deutschem Wörterbuch; online im Internet: http://woerterbuchnetz.de/DWB/?sigle=DWB&mode=Vernetzung&lemid=GW18193). Im Neuhochdeutschen zeigt sich die Verwandtschaft zu „Wesen" noch in der Form „Gewesen" (z. B.. „ich bin gewesen").

[48] Dürckheim, Meditieren – wozu und wie, S. 21.
[49] Dürckheim, Alltag als Übung, S. 90.
[50] Ebd., S. 26.
[51] Dürckheim, Ton der Stille, S. 61.

eingegeben. „Dieser Kern setzt eine Überperson bzw. eine Transpersonalität frei, die eine überraumzeitliche Wirkung auf Mensch und Welt erweist und die aus einer universalen Lebens- und Erkenntniskraft heraus die Welt verändert."[52] Der Kern spricht daher mehr von der Geschlossenheit der personalen Gestalt, die zur transzendenten Durchwirkung hin, also in die Tiefe, zum Über-Raum-Zeitlichen hin, offen ist.

Lassen sich die hier behandelten Vorstellungen von „Selbst", „Wesen" und „Kern" im Leben und vor allem im Sterben einzelner Menschen wieder finden?

Sterben – ein Individuationsprozess

Im Umgang mit den Sterbenden und dem Sterben war es für mich stets wertvoll, die verschiedenen Vorstellungen und Ideen eines Sterbeprozesses in meinem Repertoire zu haben, wobei dann aber eher eine bestimmte Haltung meine Arbeit prägte. Diese Haltung ist wohl am ehesten durch die Erfahrung gekennzeichnet, dass es tief in jedem Menschen dieses Zentrum gibt, das lenkt und leitet, das auch über das Wie und Wann unseres irdischen Endes „weiß". Sowohl in meiner eigenen Auseinandersetzung mit dem Sterben als auch in der Begleitung geht es letztlich darum, dieses Zentrum möglichst ungestört wirken zu lassen und alles, was dem Menschen in Verbindung zu diesem Zentrum im Wege steht, so weit wie möglich aus dem Weg zu räumen. Als „sich nicht einmischen" könnte man es bezeichnen.

Es ist gut möglich, dass ein Mensch ein völlig „normales" Leben führt, ohne jemals mit der Frage seines tieferen Wesens konfrontiert zu sein. Er weiß und ahnt unter Umständen nicht einmal, was alles in ihm angelegt ist. Dann kann es notwendig und hilfreich sein, dass ich ihm als Begleiter den Blick auf sein Wesen erstmals ermögliche. Mir fallen hier die Worte eines Gastes unseres Hospizes ein, der zu mir sagte:

> *„Was Sie da in mir sehen! Ich wusste gar nicht, dass das in mir ist."* *Dieser Mann hatte sich, obwohl er von seiner schlechten Prognose wusste, in eine Frau verliebt, die ebenfalls Gast des Hospizes war. Es war eine sehr*

---

[52] Hippius, Geheimnis und Wagnis der Menschwerdung, S. 10.

zärtliche Verliebtheit, wie er es wohl bis zu diesem Zeitpunkt nicht erfahren hatte. Die Frau starb vor ihm, was ihn in tiefe Verzweiflung stürzte.

Er sagte nicht, „das ist nicht in mir", sondern, „ich wusste nicht, dass es da ist." Gleichzeitig beginnen sich seine Beziehungsmuster zu verändern.

Aber bei all dem Nachdenken über die richtigen Begrifflichkeiten sei an die Worte von Kōshō Uchiyama Rôshi erinnert, dass das Leben nicht durch eine Definition oder Erklärung bestimmt werden kann (siehe S. 21). Was dem einen Menschen einen Raum öffnet, verschließt diesen vielleicht einem anderen. Wichtig sind nicht die Worte, sondern das, was hinter ihnen steht. Was hinter den Worten steht, erlebe ich aber nur im direkten Gegenüber, im Spüren zum anderen hin. Wenn ich mich auf dieses Spürbewusstsein einlassen kann, finde ich die richtigen Worte für das Über-Raum-Zeitliche, die Worte, die der andere versteht. Ja, dann bin ich bezogen auf das Wesen in ihm, das nicht getrennt ist von dem Wesen in mir. Und dieses scheint den Tod nur als einen Durchgang anzusehen.

Auf die Psyche bezogen äußerte sich Jung dazu in einem BBC-Interview: „Er [C. G. Jung] sagte, dass die unbewusste Psyche den Tod als Ende weitgehend ignoriere und dass die Träume so weitergingen, als ob nichts bevorstünde. Das ist nach meiner [Marie Louise von Franz] Erfahrung zutreffend, Träume vom Schatten, Animus und Anima usw. gehen weiter wie zuvor bis ganz zum Ende, so als ob der Individuationsprozess das Ziel und der einzige Lebenssinn wären, unberührt von der Frage, ob der Tod unterwegs käme oder nicht."[53]

Der Individuationsprozess

In der Individuation geht es darum, der zu werden, der man von jeher ist, das zu entwickeln, was schon immer keimhaft angelegt zu sein scheint. Dies gilt

---

[53] Franz/Frey-Rohm/Jaffé, Im Umkreis des Todes, S. 98.
Eine Ausnahme gibt es laut von Franz allerdings: „Aber es scheint *eine* Situation zu geben, in der das Unbewusste es nicht erlaubt, das Nahen des Todes zu übersehen, dann nämlich, wenn der Träumer sich Illusionen über das nahende Ende zu machen versucht" (ebd.). In diesen Fällen liegt der Schwerpunkt des Traumes auf diesem Ende und wird z. B. durch eine stehen gebliebene Uhr oder einen gefällten Baum symbolisiert. Hat der Träumer „die Wahrheit angenommen", geht der innere Prozess weiter wie bisher.

sowohl bei Jung, der den Begriff geprägt hat als auch bei Dürckheim. C. G. Jung schreibt dazu: „Individuation ist... ein Differenzierungsprozess, der die Entwicklung der individuellen Persönlichkeit zum Ziel hat...“[54] Und: „Die Individuation... ist eine Abscheidung und Differenzierung vom Allgemeinen und Herausbildung des Besonderen, jedoch nicht einer gesuchten Besonderheit, sondern einer Besonderheit, die a priori schon in der Anlage begründet ist.“[55] Außerdem geht es bei der bewussten Individuation darum, in Bezug zu dem inneren Zentrum (Selbst; Wesen, Kern, Tao, Buddha-Natur, innerer Christus[56]) zu leben, und, bei Dürckheim, mehr und mehr für das Wesen transparent zu werden.

Die Individuation scheint dabei die eine Richtung einer Entwicklung zu sein, deren anderer Pol das Kollektiv ist. Jeder Mensch gehört allein durch die Tatsache, dass er Mensch ist, dass er in einem bestimmten Erdteil geboren wurde, dass er ein bestimmtes Geschlecht hat, Kind seiner Eltern ist und damit in einer Ahnenfolge steht, einer Glaubensrichtung angehört u.v.m., zu einem bestimmten Kollektiv. Die Regeln des Kollektivs bestimmen weitgehend, wie wir uns verhalten, wie wir urteilen und fühlen.

Ein Beispiel dafür bot unser Sohn, als er etwa zwei Jahre alt war. Wir waren im Urlaub und wanderten mit den Kindern zu einer Bergspitze. Dort oben befand sich eine Restauration. Gleichzeitig mit uns war eine größere Gruppe Männer angekommen. Unser Sohn beobachtete sie sehr genau, stellte sich hin, wie sie standen, versuchte sich zu bewegen, wie sie sich bewegten. Sie bestellten alle Bier. Als mein Sohn gefragt wurde, was er trinken wolle, meinte er klar und deutlich „Bier“. Offensichtlich war das eine Äußerung des Mannseins, dem er sich zugehörig fühlte.

Jung schreibt in seiner Abhandlung „Die Beziehung zwischen dem Ich und dem Unbewussten“: „Alle Grundtriebe und Grundformen des Denkens und Fühlens sind kollektiv, ebenso alles, was allgemein verstanden, vorhanden, gesagt und getan ist. Bei genauerer Betrachtung ist man immer wieder erstaunt zu sehen, wie viel an unserer so genannten individuellen Psychologie eigentlich kollektiv ist. Es ist so viel, dass das Individuelle dahinter ganz verschwindet. Da nun aber die Individuation eine ganz unumgängliche psychologische Forderung ist, so lässt sich aus der Betrachtung der Übermacht des Kollektiven ermessen, was für eine ganz besondere Aufmerksamkeit man dieser zarten Pflanze „Individualität“ schenken muss, damit sie vom Kollektiven nicht völlig erstickt wird.“[57]

---

54 Jung, GW Bd. 6, § 825.

55 Ebd., § 828.

56 Dürckheim, Zen und wir, S. 23.

57 Jung, GW 7, § 241.

Im Kollektiv kann sich der Mensch aufgehoben und geborgen fühlen und das Kollektiv übt auch, gerade durch diese Wirkung, einen gewissen Sog aus, dem sich der individuierende Mensch entgegenstellen muss. Im Sterben bleibt ihm nichts anderes übrig, denn das Kollektiv – die Familie, die Freunde – kann seinen Weg, das Sterben, nicht mitgehen. Und insofern hat diese „zarte Pflanze Individualität" eine besondere Chance.

Inneres Wissen

Nun meldet sich aber diese zarte Pflanze ausgerechnet dann, wenn es auf das Sterben zugeht, mit Vehemenz. Auf dem Boden eines zwar verschlüsselten, aber vorhandenen kollektiven und naturhaften Wissens vom Sterbeprozess will der eigene gelebt und gelitten sein.

Was meine ich mit dem verschlüsselten kollektiven Wissen?

Im menschlichen Erfahrungsbereich liegt das Wissen um den Grundsatz eines Wandlungsprozesses, um den Grundsatz von Werden und Vergehen. Tag und Nacht, Jahreszeiten, die Mondphasen, der weibliche Zyklus – all das lässt uns teilhaben an dem Wandlungsprozess der Natur, dies, ob wir wollen oder nicht und ebenso, ob wir es wissen oder nicht. Wir erleben, dass die Sonne untergeht und wieder aufgeht, dass Bäume im Herbst ihre Blätter verlieren und im Frühling neu austreiben. Diese Teilhabe geschieht leiblich, man könnte auch sagen, wir sind ihr unterworfen.

Um das erfahrene Wandlungsgeschehen zu begreifen und ihm weniger ausgeliefert zu sein, hat die Menschheit im Laufe der Zeit Mythen entwickelt, die das Geschehen deuten im Sinne einer höheren Ordnung. Wenn wir heute glauben, dass wir keine Mythen mehr haben und brauchen, dann ist das ein Irrtum. Auch die wissenschaftliche Sprache ist letztlich symbol- oder gleichnishaft.[58] Die Menschen aller Zeiten haben ihre Weltsicht entsprechend ihres Bewusstseinsstandes für die richtige gehalten. Noch heute ist das alte Wissen in uns vorhanden. Es zeigt sich in unserer Sprache, in Ritualen, Bildern, in den Träumen. In erster Linie siedele ich im Zusammenhang dieses Buches die Bilder an, in denen unsere Träume symbolhaft vom Tod sprechen, aber nicht nur die Träume, auch die Visionen oder Halluzinationen Sterbender.[59]

---

[58] Vgl. Dürr, Auch die Wissenschaft spricht nur in Gleichnissen.

[59] Das scheint zunächst ein Widerspruch zu der Aussage zu stehen, dass die Psyche den Tod wahrnehme, „als ob nichts bevorstünde" (vgl. S. 59). Das Unbewusste zeigt den Tod sehr wohl in Symbolen an, allerdings kann erst im Nachhinein, nach dem Tod eines Menschen, entschieden werden, ob es sich dabei um einen Hinweis

Wir treffen auf Bilder von Heimat, von Mutter, einer großen Reise, von einem Fest. Wie viele Sterbende rufen oder sehen die Mutter am Sterbebett! (vgl. das Kapitel „Der Mutterarchetyp und der Mutterkomplex", S. 84 ff.)

Dann gibt es die Vorstellung von der Rückkehr in die Heimat, nach Hause, dorthin, woher wir kommen: „Ich will nach Hause", „ich muss nach Hause", das sind Antworten, die man von unruhigen Sterbenden mitunter bekommt.

Als ich kürzlich die Gelegenheit hatte, eine sehr alte Dame zu begleiten, die kurze Zeit zuvor in ein Altenheim gekommen war, fing diese wenige Tage vor ihrem Tod an, sich Gedanken wegen des bevorstehenden Umzuges zu machen. „Weißt du, es ist schon mühsam, dass ich jetzt noch einmal umziehen muss. Ich wünschte, ich hätte das schon hinter mir." Einige andere Besucher hatten mir schon etwas beunruhigt davon berichtet, dass „sie jetzt wohl nicht immer ganz klar sei." Auf die Sorge der alten Dame antwortete ich, „aber wir müssen doch alle am Ende unser Haus verlassen." Ich bekam zur Antwort: „Ja, aber dann bekommen wir ein neues, ein ganz helles, strahlendes."

Auch das „Koffer packen" weist in eine ähnliche Richtung. Dieses „Koffer packen" ist dann manchmal noch begleitet von offensichtlichen Räumaktionen, bei denen der Sterbende zwar im Bett liegt, aber mit seinen Händen in der Luft hantiert als würde er etwas sortieren, oder die Bettdecke wird gefaltet und auseinander gezupft.

Nicht ganz so oft traf ich auf die Idee, dass ein Fest zu feiern sei: „Schwester, ich brauche meinen schwarzen Anzug." Es geht um festliche Kleidung, wie man sie im Rahmen einer Initiation wie bei der Taufe, der Erstkommunion, der Firmung, der Konfirmation oder der Beschneidung tragen würde. Damit wird ein völlig neuer Raum betreten.

Diese genannten Bilder tauchen so häufig auf, dass man durchaus auf ein allgemeingültiges, ein kollektives Wissen schließen kann. Allerdings ist dieses Wissen in dem Moment, wo es auftaucht, den Menschen nicht bewusst. Es ist ein unbewusstes oder auch implizites Wissen. Als Außenstehende kann ich auf den Sterbeprozess schließen, aber wohl nur in seltenen Fällen als Sterbender selbst.

Graf Dürckheim wird nachgesagt, er habe einige Zeit vor seinem Tod davon geträumt, dass ein großer starker Baum ganz langsam umfalle, und seinen Neffen, der auch Psychologe ist, gefragt, was das denn bedeute. Dieser soll dann gesagt haben, „aber Onkel, das weißt du doch, was das bedeutet." Und in der Tat ist der Graf in hohem Alter langsam gestorben. Das Bild, das

---

auf einen Wandlungsdurchgang handelt, der mit dem körperlichen Ende einhergeht oder nicht.

hier vom Sterben spricht, meint auch mehr als die andere Träume oder Symbole nicht eine kollektive Erfahrung, sondern das Spezifische eines Einzelnen, im Bild gesprochen, dasjenige eines großen starken Baumes, der ganz langsam umfällt.

Der Individuationsprozess in Bezug zum Sterbeprozess

Wir merken in der Tat häufig überhaupt nicht, wie sehr wir kollektiv leben. Im Hospiz war es uns deshalb als Team besonders wichtig, auf die individuellen Bedürfnisse jedes einzelnen Gastes einzugehen, was damit begann, dass er oder sie schlafen durfte, solange es beliebte. Kein kollektives Wecken um sieben Uhr. Essen gab es, wenn jemand Hunger hatte, also auch mitten in der Nacht. Allein das Schlafen-Dürfen stürzte jedoch manche unserer Gäste in eine Krise; sie waren gewohnt, morgens um spätesten sieben Uhr geweckt zu werden. Der Tag hatte eine bestimmte Reihenfolge, einen vorgegebenen Rhythmus, einzuhalten: Wecken, waschen, frühstücken – aus reiner Gewohnheit und weil es immer so war. Das bedeutete aber auch eine zwar unbewusste, aber dennoch vorhandene Strukturierung und auch Ritualisierung des Tagesablaufs (vgl. dazu „Die Kraft der Rituale", S. 110).
Es brauchte jedes Mal einige Tage, bis die eigenen Bedürfnisse überhaupt erkannt und dann zugelassen werden konnten. Einzig die Menschen, die nicht nur heftig trauerten, sondern in eine tiefe Depression gefallen waren, verloren durch die mangelnde Strukturierung jeden Boden unter den Füßen und kamen damit nicht zurecht! Sie gingen in dem einfachen Dasein eines unstrukturierten Tages völlig verloren und konnten auch ihre eigenen Bedürfnisse nach irgend einem Halt, der sonst durch das Befolgen eines kollektiven Rhythmus ein wenig gegeben war, nicht formulieren. Für all die anderen war aber der individuelle Tagesablauf ein Schritt in Richtung auf das Eigene.
Was das Sterben selbst angeht, so gibt es für die Sterbenden einige erschwerende Faktoren, die aus einem Mangel an Wissen und Erfahrung bezüglich des Sterbens resultiert, was jeden Einzelnen aber wiederum so sehr auf sich selbst zurückwirft, dass er eine ganz individuelle Lösung des Problems finden muss. Es bleibt ihm oder ihr also gar nichts anderes übrig, als einen ganz eigenen Weg zu gehen. Im Idealfall in Bezug zum inneren Selbst.
Durch die Tatsache, dass kaum jemand noch einen seiner Angehörigen hat sterben sehen und Sterben höchstens einmal als mehr oder weniger gut

inszenierte Szene in einem Film bekannt ist[60], gibt es so gut wie keine Vorbilder für die anstehende Aufgabe oder die Vorbilder haben mit der Realität – wie im Film – meist wenig zu tun. Mir wurde das überaus deutlich, als einer unserer Gäste für eine Fernsehdokumentation gefilmt werden sollte. Nachdem er bereits seine Zustimmung gegeben hatte – was übrigens leicht geschah, da damit noch einmal eine Aufwertung einer als wertlos betrachteten Lebenssituation einher ging – fragte ich ihn, ob er denn auch Fragen beantworten würde. Darauf schaute er mich ziemlich entsetzt an und antwortete: „Schwester, Sie wissen doch, wie sterben geht."

Von einem anderen Gast, bei dem ich den Eindruck hatte, dass es nicht mehr allzu lange bis zu seinem Ende dauern würde, fragte ich, ob ich denn seine Frau anrufen solle, die zu diesem Zeitpunkt im gemeinsamen Zuhause in der Schweiz weilte, mehr als 12 Stunden Bahnfahrt von uns. Ich bekam fast eine identische Antwort: „Sie sind doch der Profi." Ich rief die Frau an, er fiel etwa eine halbe Stunde später ins Koma und kurz nachdem seine Frau ins Zimmer getreten war, starb er. Meine Reaktion hatte nichts mit Professionalität zu tun, sondern damit, dass ich auf das Wesen in diesem Menschen bezogen war und weil ich von diesem Zentrum, von dem ich anfangs des Kapitels bereits sprach, eine Ahnung hatte, der ich folgte.

Ein weiteres Symptom des Auf-sich-zurückgeworfen-Seins ist der Verlust an religiöser Bindung. Viele unserer Gäste gehörten zwar noch einer der großen Kirchen an, aber es gab keinen inneren Bezug mehr. Sie waren „Taufscheinchristen", hatten sich irgendwann einmal innerlich und manchmal auch äußerlich durch Kirchenaustritt verabschiedet. Sie waren nicht mehr religiös im Sinne von „rückgebunden". Also waren sie gezwungen, ihre eigenen Antworten zu finden.

Diese erschwerenden Faktoren waren andererseits für den Individuationsprozess hilfreich. Wenn alles Äußere wegfällt, was hält, ist der Einzelne gezwungen, in sich einen Halt zu finden. Der Prozess der Individuation, der sonst oft sehr, sehr langwierig und schwierig ist – obwohl er immer lebenslang voran schreitet – verlief in vielen Fällen in einem rasanten Tempo, man bedenke die durchschnittliche Verweildauer von 17 Tagen. Viele Themen, die sonst jahrelanger Arbeit bedurften wie die Schattenintegration oder die Aufarbeitung von psychischen Komplexen, wurden absolut nebensächlich und es blieben nur die ganz großen Stolpersteine auf dem Weg. Auch hieran wird deutlich, dass es über den Individuationsprozess hinausgeht, denn dieser ist ohne eine Schattenintegration gar nicht denkbar.

---

[60] Z. B. Filmszenen, in denen der Sterbende mit letzter Kraft noch einmal die Augen öffnet und die entscheidenden Worte seines Lebens, etwa „ich habe dich immer geliebt" von sich gibt. In Erwartung solcher Worte wurden wir immer wieder gefragt, „hat er/sie noch etwas gesagt?"

Bevor ich mich zu diesen großen Stolpersteinen begebe, möchte ich noch auf einen wichtigen Punkt hinweisen. Der Individuationsprozess kann laut C. G. Jung, obwohl es auch um eine Integration des Unbewussten ins Bewusstsein geht, unbewusst ablaufen. „Insofern letzterer [der Individuationsprozess] in der Regel unbewusst verläuft, wie er dies schon immer getan hat, will er nicht mehr bedeuten, als dass eine Eichel zur Eiche, eine Kalb zur Kuh und ein Kind zum Erwachsenen wird. Wird aber der Individuationsprozess bewusstgemacht, so muss zu diesem Zwecke das Bewusstsein mit dem Unbewussten konfrontiert und ein Ausgleich zwischen den Gegensätzen gefunden werden... Der Unterschied zwischen dem natürlichen, unbewusst verlaufenden und dem bewusstgemachten Individuationsprozess ist gewaltig."[61] Natürlich sterben die Menschen, ob sie sich nun bewusst damit auseinandersetzen oder nicht, und es kann auch sein, dass sie sogar unbewusst ihren eigenen Tod sterben. In dieser Hinsicht hat mich eine unserer Patientinnen tief beeindruckt, da es sich nämlich offensichtlich nicht um einen komplett unbewussten Prozess handelte, wie ich erst vermutete:

Sie war relativ lange bei uns, hatte einen Lungentumor mit Hirnmetastasen, die vor ihrem Aufenthalt bei uns bestrahlt worden waren und sie kaum beeinträchtigten. Anfangs trauerte sie eine kleine Weile darüber, dass sie keine Kinder hatte und jetzt allein da stand. Sie war eine Frau, der ihre Emotionen kaum zugänglich waren und wann immer man sie fragte, ging es ihr gut. Sie wirkte zufrieden, ausgeglichen, aber von der Grundstimmung her eher traurig. Die Tage gingen dahin, einer war wie der andere. Wir (das Team) fanden uns damit ab, dass sie nicht bewusst verarbeiten wollte. Sie ging ihren Weg mit der Sicherheit eines Tieres, das seinen Weg kennt. Eines Abends sagte sie zu meiner Kollegin, ihrer Lieblingsschwester: „Wir sollten uns jetzt verabschieden. Wir werden uns wohl nicht mehr sehen." In der darauf folgenden Nacht verstarb sie.

In einem anderen Fall zeigte sich, wie andererseits das kollektive kulturelle Wissen vom Sterben einen großen Einfluss auf den Sterbeprozess haben kann. Dabei schien es sich für mich um einen Prozess zu handeln, der zwar sehr zielgerichtet erschien, besonders in den einzelnen Handlungen, aber in seinem Gesamtzusammenhang eher unbewusst verlief.

Einer unserer Gäste – nennen wir ihn Herrn B. – war Kroate. Kurz bevor er zu uns kam, war er noch in der alten Heimat gewesen. Hier in Deutschland lebte er allein. Er war Anfang 60, war auf Grund von

---

61 Jung, GW 11, § 755 f.

Hirnmetastasen sehr verwirrt und verstand und sprach so gut wie kein deutsch (was manchmal auch durch die Hirnmetastasen bedingt sein kann). Er konnte es in seinem Zimmer nicht aushalten und hielt sich meistens im Wohnzimmer auf, schlief auch da, hatte aber häufig auch Fluchttendenzen, war unruhig, lief ständig hin und her – und fiel immer wieder hin. Er ließ sich nicht waschen. Insgesamt machte er den Eindruck eines Menschen, der völlig verloren war. Irgendwann hielt ich es nicht mehr aus, nahm mir viel Zeit und kratzte alle meine slawischen Brocken zusammen, um mit ihm zu reden. „Sie sind hier, weil Sie sehr krank sind. Ich glaube, Sie werden bald sterben." Die Worte „sterben" und „Tod" haben in allen slawischen Sprachen den gleichen Stamm, und daran, wie er vor mir saß und mich anschaute, Kontakt aufnehmen konnte, merkte ich, dass ich ihn erreicht hatte. Er verstand. Daraufhin wünschte er einen Priester. Wir riefen in der kroatischen Gemeinde an und kurze Zeit später war der kroatische Geistliche im Haus. Herr B. beichtete – mitten im Wohnzimmer, empfing die Krankensalbung. Dann wollte er gern baden, ließ sich rasieren, die Haare schneiden. Danach rief er seine geschiedene Frau an, die ihn ab und zu besuchen kam. Er wollte gern, dass sie käme, aber sie hatte wohl keine Zeit. Daraufhin entschuldigte er sich am Telefon für alles, was er ihr angetan hatte und bedankte sich für die gemeinsame Zeit. Er war ganz ruhig, lief nicht mehr hin und her. In der Nacht darauf verstarb er in den Armen der Nachtschwester, die ihn gerade noch auffangen konnte, als er auf die Terrasse ging.

In diesem Fall sieht es so aus, als ob ein inneres Programm ausgelöst worden ist, das dann einfach ohne irgendein weiteres Zutun abläuft und das dem Menschen vor allem Orientierung gibt. Er scheint zu wissen, was zu tun ist, und tut es. Auch hier ist die Sicherheit, mit der dies alles geschieht, verblüffend. Für uns Außenstehende war klar ersichtlich, dass er sehr bald sterben würde. Vorher aber war er aus seiner Verlorenheit aufgetaucht und plötzlich da.

Warum habe ich mit ihm geredet?

Ehrlich gesagt, weiß ich nicht, was letztlich den Ausschlag gegeben hat. Oder alles, was ich anführen könnte, ist nachträglich interpretiert. Es scheint den Menschen als Gegenüber zu brauchen, der sich auf das Wesentliche bezieht und damit eine vermittelnde Funktion übernehmen kann. Es ist gut möglich, dass Herr B. sehr wohl eine Ahnung davon hatte, dass er sterben müsse, so wie Kinder auch atmosphärisch sehr wohl die Unstimmigkeiten zwischen ihren Eltern spüren, auch wenn diese beteuern, es sei alles in Ordnung. Wenn das, was ich in mir spüre, keine Bestätigung findet in meinem Gegenüber, komme ich mir falsch vor und, wenn ich es im Laufe meines Lebens nicht gelernt habe, werde ich diesem inneren Gefühl nicht trauen. Daher ist es wichtig als Begleitperson, als Angehöriger, Freund oder Partner gerade Sterbenden gegenüber authentisch, echt zu sein und das schwierige Gespräch nicht zu scheuen, damit der Sterbende ein Gespür für die Wirklichkeitsdimension seines Erlebens bekommt. Damit könnte eine Zustimmung einhergehen, ein Sich-Einfinden in die Struktur eines gemeinsamen Erlebnisraumes.

Kann man denn wirklich von einem Individuationsprozess sprechen, auch wenn dieser gar nicht bewusst verläuft, außer vielleicht in den letzten Stunden oder vielleicht sogar nur Minuten? Und warum könnte dies Frage wichtig sein?

Gesetzt den Fall, ich stimme zu, dass es meine Lebensaufgabe ist, der zu werden, der ich schon immer bin, christlich gesprochen, immer mehr Ebenbild Gottes zu werden, in der Sprache des Zen vielleicht mein Urangesicht vor der Geburt meiner Eltern zu werden. Dann ist es schon wichtig, ob ich mein Leben gelebt oder vertan habe in Bezug zu meinem innersten Selbst, ob ich Sinn und Ziel des Lebens als Mensch erreiche, ob mir Sinn und Ziel des Lebens aufgehen und geschenkt werden. Aber wichtig ist dies nur im Zusammenhang mit einer höheren Ordnung. Und gerade in Bezug zu diese höheren Ordnung ist der Zeitpunkt meiner „Selbsterkenntnis" unwesentlich.

Lukas drückt das in der Bibel durch die Worte des einen Verbrecher aus, der neben Jesus gekreuzigt wird: „‚Uns geschieht recht, wir erhalten den Lohn für unsere Taten; dieser aber hat nichts Unrechtes getan.' Dann sagte er: ‚Jesus, denk an mich, wenn du in dein Reich kommst.' Jesus antwortete ihm: ‚Amen, ich sage dir: Heute noch wirst du mit mir im Paradies sein.'"[62] Mit diesem „Heute" nimmt Lukas den Hörer dieses Wortes in das Jetzt des Erlebens, holt die Heilsgewissheit in den gegenwärtigen Moment. Die Wirksamkeit des Wortes Gottes ist jetzt.

Und auch im tibetischen Buddhismus ist die Todesstunde selbst der schnellste und direkteste Weg zum Ausstieg aus der Spirale von Tod und Wiedergeburt.

Nicht das Wann meiner Selbsterkenntnis ist in diesem Moment wichtig und ob es mir gelungen ist, x Jahre meines Lebens einen Weg zu gehen, auf dem ich als Mensch bewusst auf das Selbst, das Wesen oder den inneren Kern

---

[62] Lk. 23,41 ff. Es ist der gleiche Lukas, der auch berichtet, „heute ist euch der Retter geboren" (Lk 2,11) oder in der Erzählung von Zachäus, „heute ist diesem Haus das Heil geschenkt worden" (Lk 19,9); und bei den Schriftgelehrten in der Synagoge, „heute hat sich das Schriftwort, das ihr eben gehört habt, erfüllt" (Lk 4,21).

bezogen gelebt habe, nur noch das Jetzt der Erkenntnis zählt und die Hingabe des Ich an dieses Selbst.

C. G. Jung war der Meinung, dass dieses Selbst nicht zu unterscheiden sei von einem Gottesbild: „Man kann das Gottesbild als eine Spiegelung des Selbst erklären, oder umgekehrt, das Selbst als imago Dei in homine[63].“[64]

Und an dieser Stelle kommt er dem „Wesen“ nahe, das aber kein Bild Gottes ist, sondern das Seiende.

Für die Frage, wann der Sterbeprozess auch nach den herkömmlichen tiefenpsychologischen Vorstellungen ein Individuationsprozess ist, ist die Frage des Bewusstseins von entscheidender Bedeutung. Jung sagt: „Wird aber der Individuationsprozess bewusstgemacht, so muss zu diesem Zwecke das Bewusstsein mit dem Unbewussten konfrontiert und ein Ausgleich zwischen den Gegensätzen gefunden werden... Der Unterschied zwischen dem natürlichen, unbewusst verlaufenden und dem bewusstgemachten Individuationsprozess ist gewaltig.“[65]

Wird das Sterben und der Sterbeprozess aber bewusst, dann taucht mit diesem Akt meistens auch die Angst auf. Fragen Sie Menschen, ob sie Angst vor dem Tod haben, antworten die meisten mit Nein, allerdings sagen dann auch viele, dass sie sehr wohl Angst vor dem Sterben haben. Warum?

Vom Sinn der Angst

Bei Herrn B. konnte das innere Programm erst ablaufen, nachdem so etwas wie eine Aufgabe klar war.

Vorher liegt eine unbekannte Situation vor, für die es keine Handlungsmuster gibt, wie es in dem Beispiel mit Herrn B. deutlich wird, es gibt möglicherweise noch nicht einmal ein Erkennen der Situation. In solch einem Fall reagiert die Psyche mit Angst, Unbekanntes ist fremd und damit erst einmal potentiell gefährlich. Angst aktiviert das vegetative Nervensystem, macht fluchtbereit – alles Tendenzen, die sich bei dem kroatischen Gast sehr deutlich zeigten.

„Angst ist eine Emotion, die signalisiert, dass eine Gefahr droht und Abhilfe geschaffen werden muss.“ Sie tritt insbesondere auf in „Situationen,

---

[63] Bild Gottes im Menschen.

[64] Jung, Erinnerungen, Träume, Gedanken, S. 443; zitiert nach: Versuch einer psychologischen Deutung des Trinitätsdogmas, 1948, in GW XI, 2. Auflage 1973, Zur Psychologie westlicher und östlicher Religionen, pag. 207.

[65] Jung, GW 11, § 755 f.

in denen eine adäquate Reaktion nicht möglich erscheint und Hilflosigkeit auslöst."[66] Welche größere Gefahr kann dem Menschen drohen als völlig ausgelöscht zu werden! Und so ist es nicht verwunderlich, dass in der Literatur immer wieder von einer „allgemeinen Todesangst" die Rede ist. „Was die Genese und Ursache der Todesangst betrifft, so sind die Ansichten sehr verschieden... Schärfer als bei der Frage nach den kognitiven Seiten des Sterblichkeitswissens stehen hier einander zwei psychologische Positionen gegenüber, die unvereinbar erscheinen: einmal wird Todesangst als autochthone[67] Motivation und von Anfang an als mit dem Selbsterhaltungstrieb oder ähnlichen Dispositionen verknüpft betrachtet, zum anderen ist Todesangst konzeptualisiert als abgeleitetes, als Sekundärphänomen, das erst aus einer bestimmten bereits komplexeren Konstellation kindlicher Psyche entspringt."[68] Ludwig Janus bringt die Todesangst in Zusammenhang mit der Geburtserfahrung.[69]

Liliane Frey-Rohm schreibt: „Die Angst vor dem Tode scheint in der heutigen Zeit [1980 bei Herausgabe des Büchleins, aber seit dieser Zeit hat sich die Situation nicht verbessert; Anm. d. Verf.] in besonders hohem Masse konstelliert zu sein. In ihr offenbart sich die Verlorenheit des Menschen, der die Verbindung mit den numinosen Mächten eingebüßt hat. Zurückgeworfen auf sich selber, fühlt er sich von außen und von innen her gefährdet... Die maßlose Überschätzung der diesseitigen Werte von Macht, Wissen und Besitz zieht naturgemäß eine entsprechende Unterschätzung der geistigen und jenseitigen Werte nach sich. Dadurch aber wird der einzelne den regulativen Kräften seiner Psyche entfremdet. Der Tod wird zum nächtlichen Gespenst, zu dem Ganz-Andern, das unheimliche Dimensionen aufreißt und ihn mit der Vernichtung seiner Persönlichkeit bedroht."[70]

„Gefahrensituationen werden... noch bedrohlicher, wenn Ängste, die im Laufe des Lebens entwickelt worden sind, angesprochen werden (Komplexe)."[71] Das ist genau das Gleiche, was Xipolitas als Sekundärphänomen bezeichnet (Beispiele dazu finden sich im Kapitel „Der Mutterarchetyp und der Mutterkomplex im Sterbeprozess", S. 84).

Wie könnte eine adäquate Reaktion in dieser schwierigen Situation aussehen?

---

[66] Müller/Müller, Wörterbuch der analytischen Psychologie, S. 21.
[67] Autochthon: von autós = selbst und chthön = Erde; ursprünglich mit dem Menschsein verbunden.
[68] Xipolitas, Archetypische Erfahrung in der Nähe des Todes, S. 62 f.
[69] Janus, Wie die Seele entsteht, im Kapitel „Zum traumatischen Aspekt der Geburt", S. 59.
[70] Von Franz/Frey-Rohm/Jaffé, Im Umkreis des Todes, S. 30.
[71] Ebd.

„Die Angst fordert heraus, neue Fähigkeiten und Einstellungen zu entwickeln."[72] Im gleichen Sinne meint Fritz Riemann: „Das Annehmen und das Meistern der Angst bedeutet einen Entwicklungsschritt, lässt uns ein Stück reifen."[73] Dies alles findet statt in einem „archetypischen Feld... von Vernichtung, Tod und der Entschlossenheit zur Existenz."[74] Da das menschliche Leben innerhalb dieses Widerspruchs von Entschlossenheit zur Existenz und Tod, aber auch innerhalb des Widerspruchs von Individualität und Kollektiv und ebenso von Bewusstem und Unbewusstem ausgespannt ist, geht es in diesem Entwicklungsschritt um zweierlei: Zum einen, „dass wir ein einmaliges Individuum werden sollen... Damit aber ist alle Angst gegeben, die uns droht, wenn wir uns von den anderen unterscheiden und dadurch aus der Geborgenheit des Dazugehörens und der Gemeinschaft herausfallen, was Einsamkeit und Isolierung bedeuten würde." Man könnte sagen, die Geburt der Individualität bedeutet den Tod in Bezug zum Kollektiv.[75] Zum anderen geht es darum, „dass wir uns der Welt, dem Leben vertrauend öffnen, uns einlassen sollen mit dem Nicht-Ich, dem Fremden. Es ist damit gemeint, die Seite der Hingabe... an das Leben. Damit ist aber verbunden alle Angst, unser Ich zu verlieren."[76] In diesem Zusammenhang spricht Riemann auch von der „paradoxen Zumutung, die das Leben uns auferlegt" – und dies angesichts des bevorstehenden Todes.

Die Ganzheit des menschlichen Lebens beinhaltet den Spannungsbogen zwischen diesen inneren Widersprüchen. Die Angst wird geradezu zum Mittler und Initiator der „transzendenten Funktion", indem sie uns zwingt, einen dritten Weg zu finden, einen Weg, der nicht „Weglaufen" heißen kann, denn dem Tod können wir nicht entfliehen. Aber es kann auch nicht Kampf bedeuten, denn auf Dauer können wir den Tod nicht besiegen. Dieser dritte Weg ist ein ganz anderer, ein Weg durch den Tod hindurch.

„Unter normalen Bedingungen regt jeder Konflikt die Psyche zur Aktivität an, damit eine möglichst befriedigende Lösung zustande gebracht werde. Gewöhnlich – das heißt im Westen – entscheidet der bewusste Standpunkt gegen das Unbewusste, da alles, was von innen her kommt, durch ein Vorurteil als inferior oder nicht ganz richtig angesehen wird. Aber in den Fällen, welche uns hier beschäftigen, ist man übereingekommen, dass die scheinbar inkompatiblen, unverständlichen Inhalte nicht verdrängt werden dürfen und dass der Konflikt angenommen und ertragen werden soll.

---

72 Ebd.
73 Riemann, Grundformen der Angst, S. 9.
74 Ebd.
75 Vgl. die Situation unserer Hospizgäste in Bezug auf ihre individuellen Wünsche.
76 Riemann, Grundformen der Angst, S. 12.

Zuerst erscheint keine Lösung möglich, und auch diese Tatsache muß mit Geduld ertragen werden. Der so eingetretene Stillstand „konstelliert" das Unbewusste. Das Bewusstsein wird so mit einem neuen Aspekt der Psyche konfrontiert, wodurch ein anderes Problem aufgeworfen oder ein bereits vorhandenes auf unerwartete Weise modifiziert wird. Diese Prozedur dauert an, bis der ursprüngliche Konflikt in befriedigender Weise gelöst ist. Der ganze Prozeß wird ‚die transzendente Funktion' genannt... *Die Funktion wird ‚transzendent' genannt, weil sie den Übergang von einer seelischen Verfassung in eine andere durch wechselseitige Konfrontation ermöglicht* [Hervorhebung durch den Verf.]"[77] „Transzendenz" kommt von lateinisch „transcendere", was so viel heißt wie übersteigen, überschreiten, hinübersteigen.

Nun könnte es so aussehen als ob dieser Problemlösungsprozess ein Weg der „Selbstbefreiung" sei, als ob der Mensch dies machen kann. Im Falle der Angst, dass er sich aus der Angst befreien kann. Zu einem Teil mag das auch zutreffen, man kann bestimmte Haltungen einnehmen, aber „man kann diese unbewussten Kompensationen nicht willentlich hervorrufen, man muss hoffen, dass sie vielleicht produziert werden."[78] Und so bleibt der Weg aus der Angst ein Weg, den man geht und durch den man getragen wird, Sterben etwas, das man tut und was einem geschieht. Mir kommt es vor, als ob Sterben damit zum Brennpunkt des Lebens wird.

Bevor ich aber noch mehr auf die Gegensätzlichkeiten des Lebens im Sterben eingehe, möchte ich mich einem besonderen Thema der Angst zuwenden, nämlich dem der Angst vor bestimmten Symptomen.

Symptomangst

Die Menschen, die im Hospiz mit ihrem eigenen Sterben konfrontiert waren, hatten in der Regel schon eine Zeit der Auseinandersetzung mit der Krankheit und der zumindest potentiellen Bedrohung des Lebens hinter sich. Und so war die Angst, mit der wir als Pflegende zunächst vordergründig konfrontiert waren, am ehesten eine reale krankheitsbezogene Angst vor bestimmten Symptomen, zum Beispiel zu ersticken oder zu verbluten.

Wenn ein Gast bei uns aufgenommen wurde, fragten wir ihn, was er denn von seiner Krankheit wisse und wovor er oder sie am meisten Angst habe. Viele fürchteten Schmerzen. Bei Tumoren, die mit einer Bedrohung der Atmung einher gingen, war das Ersticken am meisten gefürchtet. Vor dem Verbluten hatten möglicherweise wir Schwestern mehr Angst als die

---

[77] Jung, GW Bd. 11, § 780.
[78] Jung, GW Bd. 11, § 784.

Betroffenen selber, wenn es auch manchmal benannt wurde, dass der Kranke nicht wünsche, dies bei vollem Bewusstsein miterleben zu müssen.

Die Ängste, die geäußert wurden, waren realistisch und mit einem Geschehen verknüpft, das mit recht hoher Wahrscheinlichkeit eintreten konnte. Wir versuchten, keine falschen Versprechungen zu machen, sondern erklärten den Kranken, wie wir handeln würden, wenn das Gefürchtete einträte. Im Grunde war unser Hilfsangebot bei all den oben beschriebenen Situationen das, dass wir den Menschen mittels eines starken Beruhigungs- und Schlafmittels das Bewusstsein nahmen. Diese Aussicht beruhigte in der Regel die Kranken. Das Schlimmste, was ihnen geschehen konnte, schien damit bannbar. Dabei ist nicht ganz klar, ob dieses Schlimmste das Leid ist oder die gedachte Verbindung eines Symptoms zum Tod, also das „Bewusstsein von Sterben", was dann aber gleichbedeutend mit Leid wird.

Mir fällt auf, dass gerade der Atem oder das Blut Symbole für das Leben schlechthin sind, und offensichtlich bedeutet die Tatsache, das Leben bewusst schwinden sehen zu müssen und zwischen den großen Gegensätzen zu stehen, dem Archetyp selbst gegenüber zu stehen. Das ist der Moment, in dem die Zeit aufhört. Der ungarische Schriftsteller Peter Nádas beschreibt das in seinem sehr beeindruckenden Buch „Der eigene Tod" folgendermaßen: Er hat einen Herzinfarkt und nachdem er bereits über eine schier endlose Zeit immer wieder um Luft ringt, hört das Herz auf zu schlagen. „Man verliert das Alltagsbewusstsein, obwohl ich im Gegensatz zu den Ärzten nicht behaupten würde, dass man das Bewusstsein verliert. Mein Geist war wacher als je zuvor. Und nun nimmt etwas höchst Interessantes seinen Anfang, es geschieht etwas Phantastisches, das ist es, wovon eigentlich erzählt werden soll. Es läuft etwas ab, das äußerst schwer in Worte zu fassen ist, denn in dem Zustand, der dem Tod vorausgeht, verliert die herkömmliche Zeitrechnung nahezu ihre Gültigkeit. Ein großer Lichtschalter wird betätigt, der Hauptschalter. Womit Sehen, Wahrnehmen und Denken keineswegs aufhören. Jedoch knüpfen diese parallel ablaufenden Funktionen die neu erworbenen Eindrücke nicht an die üblichen Begriffe von Zeit."[79] Was er nun schildert ist das, was in ähnlicher Weise auch von anderen Nahtoderlebnissen berichtet wird: „Jetzt geschieht es. Das Ich wird zu dem, dachte ich noch, was früher ohne Körper war und nun auf ewig ohne Körper sein wird. Inzwischen wusste ich nicht nur, dass ‚jetzt' und ‚geschehen' bedeuten, dass ich sterbe, ich sah auch, wie die Lebenden im Namen ihrer unglücklichen Gemeinschaft fachgerecht und leidenschaftlich versuchten, mich in den Reihen der Ihren zu halten."[80]

---

[79] Nádas, Der eigene Tod, S. 121 f.
[80] Ebd., S. 145.

Was den Begriff „Bewusstsein" angeht, wären sich Jung und Nádas wahrscheinlich nicht ganz einig. Jung beschreibt zwar einerseits, „...da die Großhirnrinde, der Sitz des Bewusstseins, während der Ohnmacht ausgeschaltet ist, sind solche Erlebnisse heute noch ungeklärt. Sie können für eine zumindest subjektive Erhaltung der Bewusstseinsfähigkeit – auch im Zustande anscheinender Bewusstlosigkeit – sprechen."[81] Andererseits bezeichnet er aber den Tod als ein Versinken im Unbewussten[82], da es kein Ich als Träger des Bewusstseins mehr geben kann. An anderer Stelle formuliert Jung allerdings: „Ob nun das, was weiterexistiert, in sich selber bewusst ist, wissen wir ebenso wenig."[83] Wir befinden uns hier wieder im Bereich von Antinomien, von Paradoxa, die auf der zweidimensionalen Ebene von Raum und Zeit nicht zu vereinbaren sind. Und trotz vieler neuer Erkenntnisse der modernen Hirnforschung konnte die Frage des Bewusstseins bis heute noch nicht gelöst werden.[84]

Aber kommen wir zurück zu den Sterbeprozessen im Hospiz:

Im Zusammenhang mit den Symptomängsten erwarteten die Kranken wohl zu Recht, dass es wenigstens die Aussicht auf einen Umgang damit gab. Abgesehen von einem medizinischen Umgang wurde aber die menschliche Beziehung das wesentliche Element im Umgang mit dem Symptom. Im Verlaufe ihres Aufenthalts wurde es immer wieder nötig, sich des Vertrauens würdig zu erweisen, indem wir schnell und effizient beispielsweise auf Atemnotattacken reagierten. Es wurde notwendig, dass wir (aus)halten konnten, was keiner schien aushalten zu können: dass wir blieben, statt eine Spritze zu holen, dass wir nicht in ein erschrecktes „ach, du lieber Himmel" stimmten beim Anblick einer riesigen zerfressenden Wunde, dass wir Ruhe bewahrten, in den Arm nahmen, durchstanden, wenn die Panik übergroß wurde.

Auf diese Art und Weise konnte manche Situation auch ohne Medikamente gemeistert werden.

Einem ALS-Kranken[85], der immer wieder in Panikattacken fiel, wenn er glaubte, keine Luft mehr zu bekommen, konnte ich mit Imagination eine

81 Jung, Erinnerungen, Träume, Gedanken,. S. 351 f.
82 „Das Unbewusste und das ‚Totenland' sind in dieser Hinsicht Synonyma," In: Jung, Erinnerungen, Träume, Gedanken, S. 349.
83 Jung, Erinnerungen, Träume, Gedanken, S. 351.
84 Vgl. Ewald, Hirnforschung und Quantenphysik. Online im Internet: http://www.psychophysik.com/html/re020-quantenphysik-hirnforsch.html (letzter Zugriff am 9. 11. 2011).
85 Vgl. Fußnote 42, S. 51.

lange Zeit lang helfen, mit diesen Attacken fertig zu werden. Er hatte einen Lieblingsplatz im Wald, auf einer Lichtung. Ich brachte ihm bei, mit seiner Aufmerksamkeit dorthin zu gehen, wo es ihm gut ging. Anfangs half die Imagination nur, wenn ich dabei war, wir trafen uns dann auf der Lichtung, dann kam eine Zeit, in der er ganz selbständig imaginierte, unter freiem Himmel in der Natur zu sein.

Als es auf sein Ende zuging, bedeutete er mir, dass die Methode der Imagination nicht mehr funktionierte. Seine Psyche schien zu wissen, dass es dann kein Zurück mehr gab. Für diesen Fall lag eine aufgezogene Spritze im Zimmer bereit, die ihn einfach schlafen ließ. Er wusste das und dieses Wissen, gepaart mit großem Vertrauen, machte sein Leben und Sterben leichter. Außerdem führe ich es auf eine starke Beziehungsarbeit zurück, dass gerade dieser Mensch weit weniger sedierende Medikamente benötigte als andere in einer ähnlichen Situation. Allerdings kann ich keine Forschungsarbeit darüber vorlegen. Die Frage „Medikamente oder Menschen" wäre aber sicherlich eine Forschung wert.

Ein anderer unserer Gäste litt unter Speiseröhrenkrebs. Zur Ernährung hatte er eine Magensonde liegen. Wir hatten ihn gefragt, was wir tun sollten, wenn der Tumor auf seine Luftröhre drücke, ob er dann zum Luftröhrenschnitt ins Krankenhaus wolle. Er hatte stets geantwortet, er müsse sich das noch überlegen. Am Morgen des Tages, an dem er dann verstarb, litt er erkennbar unter Atemnot und ich fragte ihn wieder, bekam wieder die gleiche Antwort. Zunächst war für uns als Team die Situation nicht ganz klar, wir hatten keinen ausdrücklichen Auftrag. In der Teambesprechung konnten wir uns aber alle – Schwestern, Ärzte, Seelsorger – einigen, dass keine Entscheidung auch eine Entscheidung sei und wir das mit ihm aushalten müssten. Wenn er sichtbar ersticken würde, wäre es zu spät für einen Luftröhrenschnitt (die erste Hilfe mit dem Kugelschreiber, der ohne Mine in die Trachea zu stoßen sei, erwogen wir nicht wirklich). Schon am Mittag war es so weit. Gott sei Dank hatte er so lange gewartet, bis wir innerlich gerüstet waren. Eine Schwester setzte sich hinter ihn und nahm ihn in den Arm und sprach beruhigend wie zu einem kleinen Kind. Die anderen Schwestern (es war gerade Übergabezeit und ungewöhnlich viel Pflegepersonal da) zogen das Beruhigungsmittel auf, spritzten und holten Nachschub. Es waren nur vielleicht zwei Minuten, in denen er noch bei Bewusstsein war, aber die Zeit schien einfach still zu stehen. Das Nach-Luft-Ringen ließ alle – auch uns Außenstehende – aus der Zeit fallen. Nur das konsequente Auf-die-Uhr-Schauen half, halbwegs im Blick zu behalten, wann nachgespritzt werden durfte ohne ihn umzubringen. Und obwohl doch Mehrere anwesend waren, war die Entscheidung, wie viel Beruhigungsmittel in welchem Abstand gegeben wurde, eine sehr einsame.

Mir half in solchen Situationen mein Gebet, „ich weiß, dass ich es verantworten muss, jetzt und eines Tages vor Dir."[86] Wann linderte das Medikament, wann tötete es. Die Grenzen in der Palliativmedizin sind fließend. Es gibt kein objektiv richtiges Maß. Was der eine gut verträgt und braucht, haut den anderen um. Sterben dürfen die Menschen, aber nicht von (meiner) Menschenhand. Im Grenzfall entscheidet über Helfen oder Töten letztendlich nur die Intention. Das Thema, das damit angedeutet wird, würde allerdings den Rahmen dieses Buches sprengen.

Wichtig in diesem Zusammenhang ist mir an diese Stelle vor allem die Feststellung, dass das bloße Miterleben des Symptoms „keine Luft mehr bekommen", zumindest mir, den Kontext von Raum und Zeit entzogen hat und mich absolut auf mich zurückgeworfen hat. Da ist kein äußerer Halt mehr, höchstens noch ein innerer, zum Beispiel in einer Vorstellung von einem Gott. Die Frage, die sich für mich daraus ergibt, ist die nach der Zeit. Gibt es überhaupt so etwas, wie eine objektive Zeit? Oder stehe ich als Mensch nicht immer in der Spannung zwischen einem Eingebundensein in Raum und Zeit und gleichzeitig einem Eingebundensein in das Überraumzeitliche, Ewige? Und wenn wir Erfahrungen von Zeitlosigkeit während unserer irdischen Existenz machen können, kann das für mich nur heißen, dass wir nie wirklich von diesem Überraumzeitlichen getrennt sind.[87]

Im Atmen gelangen wir genau an diesen Punkt, wenn wir es bewusst praktizieren oder besser, wenn wir beobachten, wie es in uns atmet. Es ist wie eine Pendelbewegung, in der wir uns zwischen Einatmen (werden, geboren werden) und Ausatmen (vergehen, sterben) bewegen. In dem, was zwischen diesen Atembewegungen liegt – in der Pause zwischen Ein- und Ausatmen – sind wir auf besondere Weise mit dem Überraumzeitlichen in Verbindung. Graf Dürckheim schreibt, „,Atem' ist ein Urprinzip des Lebens. In ihm vollzieht, wächst und entfaltet sich im ewigen Kreislauf das Werden und Entwerden, das Aufgehen und Eingehen, das Formwerden und

---

[86] Es sei an dieser Stelle einmal dahingestellt, ob es sich dabei um einen inneren Richter oder aber um den Richter Gott im Jüngsten Gericht handelt. Die Vorstellung, dass unsere Taten am Ende unseres Lebens gewogen und beurteilt werden, ist schon sehr alt und nicht nur mit dem Christentum verbunden.

[87] „Darüber hinaus waren und sind es vornehmlich vier Bereiche, in denen der Mensch zur Erfahrung des Überweltlichen gelangen kann: Die große Natur... die große Kunst... die Erotik... und endlich der religiöse Kult", Dürckheim, Von der Erfahrung der Transzendenz, S. 7 f.

Wiederaufgeben der Form, das Auftauchen und das Wieder-Eintauchen alles Seienden im Grunde des Seins."[88]

Ich fasse noch einmal zusammen: Angst gehört wesentlich zum Sterbeprozess, da dieser den Menschen einer unbekannten, existentiellen Situation aussetzt, für die er in der Regel keine Handlungsmuster kennt. Aus diesem Grunde muss zur Überwindung der Angst ein eigenes Handlungsmuster gefunden werden. In den bedrohenden Symptomen ist der Mensch dem Archetypus des Lebens selbst ausgesetzt, der sich in Tod und Leben ausdrückt. All das wirft ihn völlig auf sich selbst zurück und zwingt ihn in einen Prozess, der im günstigen Fall bewusst als Individuationsprozess verlaufen kann.

Im Spannungsfeld der Antinomien

Bereits in den vorangegangenen Abschnitten ist immer wieder deutlich geworden, dass wir uns im Umgang und in dem Bemühen, Sterbeprozesse zu verstehen, ständig mit scheinbaren Widersprüchen auseinander setzen müssen: Da ist der Weg zwischen Zeit und Raum einerseits und Zeit- und Raumlosigkeit andererseits, der zwischen Körper und Psyche, zwischen Leben und Tod. Es ist ein ähnliches Spannungsfeld, wie es uns durch die Angst gegeben ist, in der der Weg nicht in der Entscheidung zwischen Flucht und Kampf liegt, sondern in dem Hindurchschreiten, im Transzendieren.

Ohne Vorbild – der inneren Stimme folgend

Dieses Spannungsfeld beschreibt auch den Raum, in dem der Sterbende kein Vorbild mehr findet. Diese Situation hat sich sicherlich in den Nachkriegsgenerationen verschärft. Während des Krieges waren so unvorstellbar viele Menschen gestorben – eines plötzlichen, gewalttätigen Todes. Die Fortschritte in der Medizin brachten es in der direkten Nachkriegszeit mit sich, dass immer mehr Krankheiten beherrschbar wurden durch den Einsatz von Antibiotika[89], durch verfeinerte Operationsmethoden und eine Verbesserung der allgemeinen und speziellen Hygiene. Der Tod fand

---

[88] Dürckheim, Überweltliches Leben in der Welt, S. 93.
[89] Am 12. Februar 1941 wurde der erste Patient erfolgreich mit Penicillin behandelt. Das Medikament stand allerdings in den Anfängen nur in Amerika zur Verfügung (vgl. Wikipedia, „Penicillin". Online im Internet: http://de.wikipedia.org/wiki/Penicillin (letzter Zugriff am 12. 12. 2011).

nicht mehr auf dem Schlachtfeld statt, auch nicht zu Hause, sondern im Krankenhaus, damit wurde er nolens volens aus dem Alltagsumfeld verdrängt. Weder gab es Vorbilder für das Sterben, noch für den Umgang mit dem Toten, noch fürs Trauern. Daraus resultiert dann ein Appell wie „Schwester, Sie müssen doch wissen, wie Sterben geht." Aber nicht die Schwester weiß darauf eine Antwort, nur jeder einzelne Mensch weiß seine Antwort, wenn die Zeit da ist.

Woher bekommt er die Antwort? Aus seiner Zentrierung und Tiefenlotung auf das Wesen, das sich endgültig in ihm verwirklichen will. Dieses kann dann zum Beispiel als innere Stimme in ihm erscheinen.

Am deutlichsten schien für uns Außenstehende diese innere Stimme im Zusammenhang mit dem bevorstehenden Sterben überhaupt oder im Hinblick auf den zeitlichen Rahmen zu sein:

Frau M. hatte einen großen Schlaganfall, war nicht bei Bewusstsein. Sie hatte in einer Patientenverfügung für einen solchen Fall eine künstliche Ernährung abgelehnt. Etwa ein Jahr vorher hatte sie keine Ruhe gelassen und ihre ganze Familie damit genervt, bis sie endlich ihre Patientenverfügung hatte. Die Eheleute hatten alles miteinander besprochen. Ein paar Wochen vor dem Schlaganfall überraschte sie ihren Mann damit, dass sie immer wieder sagte, „ich glaube, du hast nicht mehr lang mit mir." Sie war 80 Jahre, erfreute sich aber bester Gesundheit. Jetzt lag sie hier. Dank der Tatsache, auf ihre innere Stimme gehört zu habe, machte sie es ihren Angehörigen durch die Patientenverfügung etwas leichter.

Herr S., der ALS-Patient, von dem ich bereits einmal berichtete, benötigte eine Umstellung in seinem Kommunikationssystem. Da er seinen Kopf nur noch schwer halten und gezielt bewegen konnte, brauchte er eine Augensteuerung[90]. Wir bestellten den Fachmann für sein Gerät. Als dieser ihm erklärte, dass das Ganze erst 10 Tage später fertig sein könnte, schrieb er mühevoll in seinen PC: „Dann brauche ich es nicht mehr." Zunächst dachte ich, er sei einfach nur ärgerlich gewesen, aber es stellte sich heraus, dass er zu dem festgesetzten Zeitpunkt bereits gestorben war.

In beiden Beispielen ist diese innere Stimme höchsten halb-bewusst zu vernehmen. Insgesamt scheint es so, als ob die Verbindung des Ich zu dem Inneren sehr brüchig und instabil ist. Die meisten Menschen haben, anders als Frau M., nicht gelernt, darauf zu hören. Bereits bei Kleinigkeiten sehen sie sich außerdem mit Konventionen, d. h. kollektiven Übereinkünften, konfrontiert, die aber gar nichts mehr mit der tatsächlichen Situation zu tun

---

[90] Bei der Augensteuerung wird der Cursor eines PCs mittels der Augenbewegung gesteuert.

haben. Oft hatten die Sterbenden eine Tendenz, sich von Vielem zurückzuziehen. Sie freuten sich nicht mehr über die Besuche des halben Dorfes, denn sie hatten dann das Gefühl, sich um den Besuch kümmern zu müssen, ihn unterhalten zu müssen. Dazu war gar keine Kraft mehr da. Aber es gehörte sich halt, so oder so zu sein. Welches Bild haben die anderen von mir? Diese Frage war oft wichtiger, als den eigenen Impulsen zu folgen. Immer wieder waren Gespräche notwendig, in denen Pflegende, Ärzte oder Seelsorger immer wieder neu die Erlaubnis geben mussten, sich nonkonform zu benehmen. Man isst erst nach dem Waschen, Besuch schickt man nicht weg. Man muss in der Nacht schlafen. Man muss essen. Man muss gegen die Krankheit kämpfen – Themen, die uns in der Konfrontation mit der Realität des Sterbens immer wieder beschäftigten. Aber genau darin liegt die Chance, die innere Stimme wieder zu hören – sie überhaupt wieder wahr zu nehmen: „Möchten Sie den Besuch sehen?", „Sie dürfen auch schlafen, wenn ihre Freundin an ihrem Bett sitzt," „was möchten *Sie* denn?", „Ich habe hier Medikamente für Sie, möchten Sie die nehmen?", „Sie dürfen sterben wollen," „Sie dürfen leben wollen – auch im Hospiz!" Ein neuer Raum wird eröffnet mit diesen Fragen, der Raum der inneren Stimme, der Raum des in uns wesenden Seins. Im Vollzug des auf diese Stimme bezogenen Lebens wird Sterben zur Individuation, mehr noch: „Doch das LEBEN geht im Menschen erst voll auf, wo das Leben, das in der Zeit ist, eingehen darf – das ist zeitlebens schon so und der eigentliche Sinn des Sterbens."[91]

Mir fällt im Zusammenhang dieser neuen Räume eine Begebenheit mit einer Patientin ein:

Ich kam nach dem Wochenende am Montag zum Dienst und wurde aufgeregt von meinen Mitarbeiterinnen begrüßt, denn Frau L. hatte am Wochenende nach der Sterbespritze verlangt – so hieß es wenigstens. Ich solle ihr klar machen, dass „das" nicht geht. Die Schwestern vom Wochenenddienst hatten ihr schon gesagt, dass „das" in Deutschland gesetzlich verboten sei, aber Frau L. hatte gesagt, „ein Tier hätte man schon eingeschläfert." Frau L. hatte eine höchstgradige Herzinsuffizienz, sie bekam fast keine Luft. Sie hatte Recht, ein Tier hätte man schon eingeschläfert.

Ich hatte mir angewöhnt, ohne Konzepte in Zimmer zu gehen und auf meine innere Stimme in der Situation zu hören. So betrat ich das Zimmer, begrüßte sie und fragte, ob ich mich zu ihr ans Bett setzen dürfe. Sie erlaubte es mir. Ich fragte, „wie geht es Ihnen heute früh?" Es kam keine besondere Antwort. Ich bohrte ein bisschen, indem ich feststellte, „Ihre

[91] Dürckheim, Überweltliches Leben in der Welt, S. 181.

Atemnot macht Ihnen ja ziemlich zu schaffen, ich kann mir vorstellen, dass Ihnen das manchmal zu viel wird." Das war nun aber die goldene Brücke, jetzt musste sie mir gegenüber doch auch reagieren. Aber nein. Wir schwiegen. Wir schwiegen lange, wir schienen endlos zu schweigen, bis sie allmählich zu erzählen begann. Sie erzählte, wie sie ihren Sohn in Amerika besucht hatte, wie schön die Reise gewesen sei. Ich antwortete in etwa, „da haben Sie ja doch etwas sehr Schönes erlebt", dann schwiegen wir wieder. Zwischen dem Schweigen entdeckte sie ganz langsam Stück für Stück den Reichtum ihres Lebens, im Guten wie im Schlechten. Nach einiger Zeit fragte ich sie dann, ob ich gehen solle, darauf antwortete sie, „nein, es ist angenehm mit Ihnen, Sie wollen nichts von mir, da habe ich Zeit, mich auf mich zu besinnen."

Es war nie wieder vom Einschläfern die Rede, abgesehen davon, dass sie es ja gar nicht für sich beansprucht hatte.

Es braucht den freien unverstellten Raum, damit sich die innere Stimme entfalten kann.

Zwischen Kontrolle und Vertrauen

Und manchmal ist es gar nicht leicht, zu unterscheiden, ob denn ein Impuls wirklich der inneren Stimme entspringt oder aber unseren Vorstellungen, unserem Bild von uns selbst oder besser, dem Bild, das wir gern abgeben möchten. Tiefenpsychologisch ausgedrückt heißt das, entspringt der Impuls dem Selbst oder nur der Persona. Ich will das an zwei Beispielen verdeutlichen:

Eine Patientin, selbst Krankenschwester, hatte die Diagnose eines Bronchialcarcinoms erhalten. Daraufhin verweigerte sie alle Behandlungsmöglichkeiten wie Chemotherapie oder Bestrahlung und wünschte, ins Hospiz kommen zu dürfen. Es ging ihr noch recht gut als sie zu uns kam. Wir fanden es beispielhaft, dass jemand so konsequent und bewusst seinen Weg geht. Es waren zwei erwachsene Kinder da, die Frau N. allein groß gezogen hatte. Die Tochter kam sie regelmäßig besuchen, der Sohn lebte weiter entfernt und kam wenige Male. Nach einiger Zeit, in der es mit dem Sterben nicht so recht voran ging, beschloss Frau N., nicht mehr zu essen. Keine Überredungskünste der Welt brachten sie dazu, etwas zu essen. Sie wurde schwächer. Gleichzeitig ließ sie so gut wie keine Hilfe zu. Frau N. managte alles allein, so wie sie es ihr Leben lang getan hatte. Jetzt begann sie, ihr Sterben zu kontrollieren. Nach einigen Wochen hörte sie auf zu trinken, anfangs merkten wir es gar nicht so recht, es wurde einfach immer weniger, schließlich machte ihr das Schlucken große Probleme (wenn man nicht trinkt, beginnt der Kehlkopf auszutrocknen, die sonst so geschmeidige Schleimhaut wird trocken und sondert keinen Schleim mehr ab und Schlucken tut dann weh) und sie verweigerte Flüssigkeit ganz. Dabei war sie zwar äußerst geschwächt, aber nicht bewusstlos. Sie hatte beschlossen zu sterben, aber es ging einfach nicht voran. Sie lag mehrere Wochen, in denen wir die Raumluft in ihrer Umgebung befeuchteten, sie wie ein Vögelchen Wasser mit einer Pipette in den Mund bekam, es nicht schluckte, nicht aß und nicht starb. Sie hatte aufgehört zu essen und zu trinken, um das Sterben zu beschleunigen. So wie im Leben alles nach ihrem Kopf gehen musste (wie die Tochter sagte), sollte auch jetzt das Sterben ihrem Willen folgen. Aber so geht es eben nicht. Wochenlang mussten wir mit ihr diese Quälerei aushalten. Bis sie wieder anfing zu trinken – nicht literweise – aber als bewusster Akt. Wenige Tage später war sie gestorben.

Das, was hier sichtbar wird, nämlich die Kontrolle eines ganzheitlichen Prozesses durch einen Teil des bewussten Ich, nämlich die Persona, funktioniert nicht. Was das Sterben angeht, so unterliegt die Kontrolle nicht dem Ich, wenn wir von Fällen der Selbsttötung, dem Suizid, einmal absehen. Und es scheint die Demut, das Beugen vor dem Größeren und damit die Zustimmung zur Führung durch das Selbst zu brauchen.

Einen völlig anderen Verlauf konnte ich ein paar Jahre später bei einem Mann beobachten:

Im Krankenhaus hatte man die Chemotherapie abgesetzt, weil es ihm viel zu schlecht ging, und ihm eröffnet, dass ihm die Medizin nicht mehr helfen könne. Er fing an, die Nahrung zu verweigern und nahm das Angebot, ins Hospiz zu gehen, gern an. Diese Informationen hatte ich bereits vor seiner Aufnahme. Als er nun auf einer Trage zur Tür hereingeschoben wurde, wollte ich ihn begrüßen, aber er kam mir zuvor: „Hallo, ich bin Herr M. Ich hoffe, wir haben nicht so lange miteinander!" Solch eine Begrüßung hatte ich noch nicht erlebt. Bei dem Aufnahmegespräch zeigte er sich aufgeklärt. Er konnte darüber sprechen, dass sie gemeinsam mit seiner Frau noch so viel vorgehabt hätten, was nun nicht mehr sein durfte. Er erzählte von seinem Garten und seiner Hobby-Handwerkerei. Ab und zu musste er weinen. Obwohl ihn das Gespräch anstrengte, ließ die Ehefrau es zu, dass er die an ihn gestellten Fragen selbst beantwortete. Herr M. konnte Trauer und Freude ausdrücken und ein Thema benennen, das ihn festhielt, nämlich seine alte Mutter, die seine Krankheit ignorierte und der Meinung war, er müsse sich um sie kümmern. Wir konnten darüber sprechen, dass es wohl besser sei, die Mutter zu lassen, wie sie ist und nicht auf Änderung zu warten. Nachdem sich also ein sehr vertrauensvolles Verhältnis bereits in unserem ersten Gespräch eingestellt hatte, sprach ich seine Nahrungsverweigerung an. „Glauben Sie denn, dass dann das Sterben schneller geht?" Ja, das war seine Hoffnung. Obwohl ich in der Regel nicht einem Gast etwas von einem anderen erzählte, hatte ich das Gefühl, ihm die Geschichte von Frau M. schildern zu müssen. Er hörte sehr aufmerksam zu. „Es liegt in Gottes Hand", sagte ich zu ihm, da ich den Eindruck hatte, dass er diese Ausdrucksweise am ehesten zulassen konnte. „Sie dürfen essen und trinken, was Sie möchten, worauf Sie Appetit haben. Sie kommen doch aus einem Weindorf, da trinkt man doch auch gern einmal ein Gläschen. Sie dürfen das hier." Es gab nicht mehr viel zu reden. Kurze Zeit später steht die Tochter von Herrn M. in der Küche und bittet, sich entschuldigend, um einen Korkenzieher. „Es tut mir leid. Eigentlich sollte man nicht am Vormittag schon..." „Es ist nicht wichtig, was man eigentlich tut. Gönnen Sie Ihrem Vater den Schluck Wein!" Nach wenigen Tagen war Herr M. friedlich eingeschlafen.

Was hier angesichts des nahen Todes gilt, nämlich essen und trinken zu können, wie es einem gefällt, hat natürlich seine Einschränkung, wenn man davon ausgeht, dass der Körper möglichst gesund erhalten werden und besondere Schwierigkeiten wie blähende oder fette Speisen von ihm ferngehalten werden sollen, etwas im Rahmen einer akuten Erkrankung. Aus diesem Grund versagen sich gerade krebserkrankte Menschen oft manche Genüsse des Lebens. Es geht aber nicht um Kalorien, Stoffwechsel und Body-Maß-Index, es geht um Grundbedürfnisse, wie essen und trinken und es geht vor allem um Genuss und damit auch um Leben.

Angst vor Kontrollverlust kann sich in ganz unterschiedlichen Bereichen äußern. Ein Thema dabei ist die Angst vor dem Einschlafen. Manchmal wird der Schlaf auch als der kleine Bruder des Todes bezeichnet. Der Schlaf bringt uns in einen unbewussten Raum, dessen Phänomene nicht Ich-gesteuert sind. Die Angst vor dem Einschlafen ist daher auch etwas, der nicht nur kleine Kinder, sondern auch schwerkranke Menschen unterliegen.

Während meines Nachtdienstes auf einer Inneren Station lag eine todkranke Patientin stundenlang wach. Sie wollte auch kein Schlafmittel und verriet mir: „Immer wenn ich beginne einzuschlafen, fange ich an zu fliegen." „Aber das ist doch toll. Ich freue mich immer, wenn ich im Traum fliegen kann." „Aber ich habe Angst, davon zu fliegen." „Sie haben Angst, nicht mehr zurückkommen zu können?" „Ja." Ich bot ihr meine beiden Hände an. „Ich halte Sie fest wie mit einer Drachenschnur. Da können Sie es schon ein bisschen üben." Sie legte ihre beiden Hände in meine Hände und so saßen wir lange, bis sie einschlief. Der Rest der Station hatte ein Einsehen. Lange, lange klingelte niemand.

In solchen Fällen helfen Beruhigungs- und Schlafmittel so gut wie gar nicht. In einem Fall hatten wir bereits so viel Beruhigungsmittel verabreicht, dass das gesamte Team davon eingeschlafen wäre, aber die Angst war größer:

Über 72 Stunden hatte Frau S. nicht geschlafen. Sie weigerte sich außerdem, in ihrem Zimmer zu sein, und war aufs Höchste körperlich wie psychisch angespannt. Ich erinnerte mich an die Geschichte vom Fliegen, ging zu ihr, setzte mich aufs Sofa neben sie und fragte, ob sie Angst habe, nicht mehr aufzuwachen. Sie bejahte das sofort. Sie hatte sehr viele Kinder und kannte sich mit Geburten aus. Daher erzählte ich ihr eine Geschichte, deren Herkunft ich nicht kenne, die mir aber immer einmal wieder begegnet. Ich erzähle sie hier, wie sie Gabriel Looser aufgeschrieben hat:

„Es geschah einmal, dass in einem Schoß Zwillingsbrüder empfangen wurden. Die Wochen vergingen und die Knaben wuchsen heran. Sie begannen, ihre Welt zu entdecken und die Nabelschnur, die sie mit der Mutter verband.
Als aber schon Monate vergangen waren, bemerkten sie plötzlich, wie sehr sie sich verändert hatten. ‚Was soll das heißen?‘, fragte der eine. ‚Das heißt‘, sagte der andere, ‚dass unser Aufenthalt in dieser Welt bald zu Ende geht.‘ – ‚Aber ich will gar nicht gehen‘, sagte wieder der Erste. ‚Wir haben keine Wahl‘, entgegnete der andere, ‚aber vielleicht gibt es ja ein Leben nach der Geburt.‘ – ‚Aber wie soll das gehen‘, fragte wieder der Zweifelnde, ‚wenn wir unsere Lebensschnur verlieren? Und außerdem hat nie jemand diesen Mutterschoß verlassen und ist wieder zurückgekommen, um zu sagen, dass es weiterginge. Nein, die Geburt ist das Ende!‘
Und er fiel in tiefen Kummer und sagte: ‚Wenn die Empfängnis mit der Geburt endet, welchen Sinn hat dann das Leben im Schoß? Womöglich gibt es gar keine Mutter hinter allem!‘ – ‚Aber sie muss existieren‘, protestierte der andere, ‚wie sollten wir sonst hierher gekommen sein?‘ – ‚Hast du je unsere Mutter gesehen?‘, fragte wieder der Zweifelnde, ‚vielleicht haben wir sie nur erdacht, um unser Leben besser zu verstehen!‘ Und so waren die letzten Tage im Schoß der Mutter voller Angst und Fragen. Schließlich kam der Moment der Geburt. Als die Zwillinge ihre Welt verlassen hatten, öffneten sie ihre Augen. Sie schrien vor Freude. Was sie sahen, übertraf ihre kühnsten Träume.‘[92]

---

[92] Looser, Die Seele ins Licht begleiten, S. 30.

Nach der Geschichte konnte sich Frau S. hinlegen. Wir vereinbarten, dass ich ihre Hände hielt, eine Weile ihre Nabelschnur war. Ganz langsam entspannte sie sich und schlief einen leichten Schlaf – solange ich ihre Hände hielt.

Natürlich kann man einen Menschen nicht nur durch Hände halten im Leben halten, aber es hat einen Einfluss. Es war ein Angebot von Beziehung, von getragen und geborgen sein, dass sie so im realen Leben erfahren konnte. Was im letztgeschilderten Fall außerdem wirkte, war vor allem, dass ich Frau S. einen Mythos angeboten hatte, mit dem sie etwas anfangen konnte, der weit genug war, dass sie ihn durch eigene Bilder verändern konnte. Die Vorstellung vom Tod als einer Geburt in etwas Neues hinein ist eine archetypische Vorstellung, die es bereits im alten Ägypten und bei den Kelten gab, im Grunde bei allen Sonnenkulten. Der Mythos versucht das Unerklärliche zu erklären und das Erfahrene in einen übergeordneten Zusammenhang zu bringen.

Zur Frage der Notwendigkeit eines Mythos sagt Jung im Bezug auf einen Traum einer bereits Verstorbenen: „Zur Zeit dieses Traumes hatte die Verstorbene Angst vor dem Tode und wollte diese Möglichkeit ihrem Bewusstsein tunlichst fernhalten. Es ist aber ein sehr wichtiges „Interesse" des alternden Menschen [und ich möchte hinzufügen, des schwerkranken und sterbenden Menschen; d. V.] sich gerade mit dieser Möglichkeit bekannt zu machen. Ein sozusagen unabweisbar Fragendes tritt an ihn heran, und er sollte darauf antworten. Zu diesem Zwecke sollte er einen Mythos vom Tode haben, denn die „Vernunft" zeigt ihm nichts als die dunkle Grube, in die er fährt. Der Mythos aber könnte ihm andere Bilder vor Augen führen, hilfreiche und bereichernde Bilder des Lebens im Totenland. Glaubt er an diese oder gibt er ihnen auch nur einigen Kredit, so hat er damit ebenso recht wie einer, der nicht an sie glaubt. Während aber der Leugnende dem Nichts entgegengeht, folgt der dem Archetypus verpflichtete den Spuren des Lebens bis zum Tode. Beide sind zwar im Ungewissen, der eine aber gegen seinen Instinkt. Der andere mit ihm, was einen beträchtlichen Unterschied und Vorteil zugunsten des Letzteren bedeutet."[93] Der Mythos bildet hilfreiche Bilder an.

Seinen eigenen Mythos fand auch der schon mehrfach erwähnte ALS-Patient. Bei einer schweren Atemnotattacke sagte ich beiläufig, „der Körper scheint kein guter Ort mehr für die Seele zu sein." Es war vor dem Wochenende und der Patient wusste, dass ich für eine paar Tage nach Zürich fahren wollte. Als ich wieder zurück war, wartete er, bis ich zu ihm ins Zimmer kam. Auf seinem PC hatte er die Frage vorbereitet:„Glauben

---

93   Jung, Erinnerungen, Träume, Gedanken, S. 334.

*Sie, was Sie zu mir gesagt haben?" Seltsamerweise wusste ich sofort, worauf
er anspielte. „Ja, ich glaube, dass es ein Leben gibt, das mit dem Tod nicht
endet. Ich weiß nicht, wie es aussieht, was uns dort erwartet, aber wir sind
nicht nur unser Körper." Am Ende des „Gesprächs" bat er mich um meine
Begleitung, von der noch die Rede sein wird.*

Der eigene Mythos meint den individuellen Weg entlang eines inneren Le-
bensmusters (Archetyp), der den Menschen mit der kollektiven Dimension
verbindet, ihn also trägt. Gleichzeitig kann er, wenn er in seiner symbolischen
Bedeutung gesehen wird, den Zugang zum Transzendenten eröffnen.[94] Der
eigene Mythos scheint einen Raum mitten in uns selbst zu erschließen, einen
Raum, in den sich der Sterbende vertrauensvoll fallen lassen kann, unter der
Voraussetzung, dass er jemals so etwas wie Vertrauen entwickeln konnte.

Der Mutterarchetyp und der Mutterkomplex

Jeder Weg führt nach Hause,
jeder Schritt ist Geburt,
jeder Schritt ist Tod, jedes Grab ist Mutter.
Hermann Hesse[95]

Der Mensch, der am engsten mit dem Urvertrauen verbunden wird, ist sicher-
lich die Mutter. Gleichzeitig ist im Mutterarchetyp das Mütterliche sowohl als
Leben spendend als auch als verschlingend vorhanden. Sowohl die
Geburtshöhle als auch das Grab sind Symbole der Großen Mutter. Am
Anfang des Lebens ist der Mensch noch ungetrennt in einer Ganzheit mit der
Mutter. Es ist ein paradiesischer Zustand. In dieses Paradies wünschen sich
sehr viele Menschen zurück. Es ist die Zeit von Geborgenheit, satt werden,
schlafen, satt werden, ein scheinbar ewiger Kreislauf.

Es scheint daher nicht verwunderlich, dass Sterbende oft die Mutter sehen
oder nach ihr rufen. Und man kann sich vorstellen, was für ein Drama es sein
kann, wenn die Erfahrungen mit der eigenen Mutter alles andere als gut
waren. Wie kann sterben aussehen für jemanden, der sich nicht vertrauensvoll
fallen lassen kann, für den es nur die Erfahrung des Verlassenwerdens gibt.

---

94   Knoll, In: Müller/Müller, Wörterbuch der analytischen Psychologie, S. 292.
95   Hesse, Gesammelte Werke Bd. 6.

Solch ein Mensch müsste sicherlich eine positive Kraft in sich finden, die trägt. Aber das ist ein langer Prozess und manchmal bleibt nicht so viel Zeit.

Einer unserer Gäste war Niederländer. Was uns gleich auffiel war, dass seine Frau nicht von seiner Seite weichen durfte. Sie war nicht die erste Frau. Diese war schon relativ früh verstorben. Die Kinder aus der ersten Ehe lebten in den Niederlanden. Seine zweite Frau war eine Kroatin. Sie hatte ihm versprochen immer bei ihm zu bleiben, ihn nie zu verlassen. Und sie hielt sich an ihr Versprechen. Warum?

Ende des zweiten Weltkriegs war der Vater des Kranken zu den Deutschen übergelaufen. Die Mutter hatte darauf ihre Kinder, als er etwa zwei Jahre alt war, in ein Zimmer eingesperrt, in ein Versteck und war auf Nimmerwiedersehen verschwunden. Es ist verständlich, dass bei allem Verständnis für die Not eines Menschen eine solche Erfahrung keine Basis für Vertrauen sein kann. Das halbe Leben hatte der Mann seine Mutter gesucht. Als er sie endlich gefunden hatte – in Amerika – wollte sie nichts von ihm wissen.

Unser Gast liegt im Sterben, von Stunde zu Stunde geht es ihm schlechter. Beim Betten Machen entdecke ich das Symbol der Madonna von Medjugorje unter seinem Kopfkissen.

Auch der Ehefrau geht es immer schlechter. Sie schläft nicht, isst nicht, sitzt Tag und Nacht an seinem Bett. Ich beobachte sie sorgenvoll. Als sie aus dem Zimmer kommt, sage ich: „Sie dürfen nicht mitgehen!" – „Woher wissen Sie?" Nun, so arg schwer ist das nicht zu erkennen. Unter vielen Tränen erzählt sie mir von ihrem Versprechen und dass sie ihn doch jetzt nicht allein lassen könne.

Ich erkläre ihr, wie wichtig aber gerade das ist. Trotzdem – sie hat das Gefühl, ihn in den Tod zu stoßen. Sie kann ihn nicht allein gehen lassen... In vielen anderen Fällen war es möglich, die Mutter als hilfreiche Person im „Jenseits" anzurufen, aber das ist hier völlig undenkbar. Da fällt mir etwas ein – Maria, die große gute Mutter, die weibliche Figur des Christentums. Ich schlage der Ehefrau vor, ihn Maria anzuvertrauen. Wir sprechen über die Maria von Medjugorje. Dabei ist es nicht wichtig, was ich davon halte. Diese Erfahrungen und Vorstellungen sind Halt für die Frau und damit den Sterbenden. Ja, Maria, das kann sie; nicht leicht, aber es ist vorstellbar. Sie bittet mich, sie zu unterstützen. Es muss noch ins Wort gebracht werden, es muss noch ein Stück wirklicher werden. Sie setzt sich ans Bett ihres bereits sehr eingetrübten Mannes, streichelt seine Hände und unter

Tränen sagt sie ihm: „Lieber, ich habe versprochen, immer bei dir zu sein und ich würde nichts lieber tun als das. Aber meine Zeit ist noch nicht gekommen und so kann ich nicht mitgehen. Aber an meiner Statt wird jemand anderes an deiner Seite sein – Maria. Sie wird dich halten, dir Kraft geben. Ich habe ihr Amulett unter dein Kopfkissen gelegt, damit sie dir immer nah sein kann. Geh jetzt zu ihr. Ich werde später nachkommen."

Etwas später kann sie aus dem Zimmer gehen und ihren Mann vorübergehend allein lassen. Sie kann Raum lassen für die erwachsenen Kinder, die gekommen sind. Nach wie vor ist es nicht leicht für sie, aber sie kann ihn jetzt gehen lassen. Auch für ihn ist dieses Sterben nicht leicht. Ich weiß nicht, ob ihm Maria wirklich geholfen hat in seiner Angst, aber sie hat den Abschied möglich gemacht.

Selbstbestimmtes Sterben und Patientenverfügung

Noch immer bewegen wir uns in der Antinomie zwischen Kontrolle und Vertrauen. Das Vertrauen fällt dem heutigen Menschen immer schwerer, glaubt er doch durch Wissenschaft, Technik und Wissen die Welt im Griff zu haben. Die Nichtverfügbarkeit des Todes macht ihm da einen Strich durch die Rechnung. Und in diesem Zusammenhang kann dann das, was einerseits als Fortschritt gepriesen wurde, nämlich eine hoch entwickelte Medizin, in manchen Situationen zur großen Bedrohung werden. Und mit Goethes Zauberlehrling kann man sagen: „Die ich rief, die Geister, werd' ich nun nicht los." Menschen fürchten immer häufiger, fremdbestimmt zum Leben verurteilt zu sein, zu einem Leben, dass sie nicht als lebenswert erachten – wenigstens nicht im Blickwinkel des gesunden Zustands. Patientenverfügungen können da Abhilfe schaffen, obwohl man sich immer wieder und immer noch um die Rechtsverbindlichkeit streitet.[96]

Die Frage in unserem Zusammenhang ist, ob es sich bei der Abfassung einer Patientenverfügung nicht auch um einen Versuch handelt, das Sterben unter die Kontrolle des Ich zu bekommen. Ich bestimme, wie ich sterbe. Was wäre die Alternative? In viele Fällen wäre es eben nicht ein Sterbeprozess von Innen heraus, aus einer Selbststeuerung, sondern die Unterwerfung unter die Regelungen und Entscheidungen anderer Menschen. Du bestimmst, wie ich sterbe. Ich bin der Meinung, dass die Patientenverfügung ein dritter Weg ist.

---

[96] Ich beziehe mich dabei auf die Situation im Rechtsraum Deutschland.

Ich kann Andere (Ärzte, Angehörige) auf meinen Prozess verpflichten. Ich kann durchaus für bestimmte denkbare Situationen regeln, dass ich nicht auf irgendeine Art und Weise künstlich am Leben erhalten werden will, aber ich kann andererseits nicht regeln, dass ich dies auf alle Fälle und jeden Preis will. Und auch wenn ich einer Lebensverlängerung widerspreche und zum Beispiel eine künstliche Ernährung auf Dauer ablehne, so muss der Tod noch immer gestorben werden mit allen Konsequenzen, die das auf den psychischen Sterbeprozess auch hat. Dieser Prozess scheint auch bei Menschen stattzufinden, die bereits längere Zeit im Koma liegen.

Während meiner Hospizzeit gab es ein paar Menschen, die für ein tiefes Koma ohne Aussicht auf Besserung entsprechende Regelungen getroffen hatten und nicht künstlich ernährt werden wollten. Obwohl der menschliche Körper angeblich nur höchstens 10 Tage ohne Flüssigkeitszufuhr auskommen kann, dauerte ihr Sterben in einem Fall mehrere Wochen, in denen nur die Mundschleimhaut befeuchtet wurde. Wir sprachen regelmäßig mit diesen Menschen, obwohl sie nicht bei Bewusstsein waren. Sie „wussten", dass sie im Hospiz waren, was ihnen geschehen war, dass sie sterben durften. Für meine Kolleginnen wurden dann wenige geweinte Tränen dieser Menschen zum Zeichen, dass der nahe Tod bevor stand. Tränen begleiten einen Prozess des Loslassens, sind selbst Symbole des Loslassens, Symbole dafür, dass etwas ins Fließen kommt.

Eines Tages bekam ich einen Anruf von der Intensivstation der HNO-Klinik der Universitätskliniken. Wir wurden gebeten, einen Patienten aufzunehmen. Da es aus verschiedenen Gründen sehr fraglich war, ob wir der Sache gewachsen waren, entschied ich mich zu einem Besuch auf der Station.

Ich fand dort einen Mann Mitte 80, der notfallmäßig tracheotomiert worden war, d.h. er war wegen Atembeschwerden ins Krankenhaus gekommen. Man hatte einen bösartigen Tumor der Mandeln festgestellt und in der ersten Nacht hatte er, da er auf einmal keine Luft mehr bekam, notfallmäßig – d.h. ohne Zustimmung irgendeines Menschen – einen Luftröhrenschnitt bekommen. Als er wach wurde, konnte er zwar atmen, aber nicht mehr sprechen, zur Ernährung hatte er eine Sonde in der Nase liegen. Ein Katheter und verschiedene Messsonden vervollständigten die Apparatur. Er konnte gar nicht wissen, was ihm geschehen war. Also versuchte er, alle Schläuche, die er in sich hatte, herauszuziehen. Da aber ein Beruhigungsmittel den Sauerstoffgehalt im Blut verschlechterte, wurde er nicht sediert, sondern an Händen und Füßen festgebunden. Die einmal in Gang gesetzte Maschinerie zeitigte solch ein Ergebnis. Aber offensichtlich hatte das Team der Wachstation die Situation selbst auch nicht in Ordnung gefunden, denn durch das Team wurde er bei uns angemeldet.

Nach Rücksprache mit unserem Arzt entschieden wir, ihn aufzunehmen.

Wir entschieden uns für eine leichte Sedierung, setzten eine Sitzwache an sein Bett und erklärten ihm bei jeder Gelegenheit alles, was geschehen war und gerade geschah. Wir orientierten ihn in der Situation, das heißt über Ort, Datum, Tageszeit und alles, was mit ihm geschehen war. Wozu auch gehörte, dass wir ihm erklärten, dass er im Hospiz sei und dass dort die meisten Menschen sterben. Er war nicht mehr angebunden. Wir hatten gar keine Ausrüstung dafür. Wenn wir allerdings etwas durch die Magensonde geben wollten, warf er wild den Kopf hin und her und versuchte sich zu wehren. Allmählich erkannten wir, dass Wasser toleriert wurde, Medikamente auch, aber Nahrung nicht. Unser Ziel bei all dem war, ihn so weit zu orientieren, dass er selbst eine Entscheidung treffen konnte hinsichtlich des weiteren Vorgehens.

Er wurde wacher und kooperativer, konnte nach einiger Zeit aus dem Bett. Aber er wollte nicht mehr leben. Seine Frau war ein Jahr zuvor gestorben, er wollte zu ihr. Er muss schon länger von seiner Krankheit etwas geahnt haben und war nicht zum Arzt gegangen. Eines Tages hatte er sich die Magensonde gezogen. Wir legten keine neue mehr und akzeptierten seine Entscheidung. Es war sichtlich eine Entscheidung, die im Einklang mit seinem ganzen Leben stand.

Nicht nur sterben ist eine Kunst, auch sterben lassen will heute wieder gelernt sein. Das bedeutet, dass alle, nicht nur die Sterbenden, sich wieder mehr mit dem Ende des Lebens auseinandersetzen müssen, es bedeutet, dass die Endlichkeit des Lebens vom Grundsatz her wieder akzeptiert werden müsste, dass der Mensch sich nicht zum Gott erhebt. Der Tod ist eine narzisstische Kränkung, der unsere Allmachtsfantasien ad absurdum führt. Und es sind ja nicht nur die Ärzte, die das Leben immer wieder verlängern, es sind auch die, die immer noch ein bisschen länger leben wollen und ihr eigene Endlichkeit nicht ertragen, nicht die Endlichkeit, nicht das Alter, nicht die Schwäche. C. G. Jung schreibt dazu in seinen Erinnerungen: „Die entscheidende Frage für den Menschen ist: Bist du aufs Unendliche bezogen oder nicht? Das ist das Kriterium seines Lebens. Nur wenn ich weiß, dass das Grenzenlose das wesentliche ist, verlege ich mein Interesse nicht auf Futilitäten und auf Dinge, die nicht von entscheidender Bedeutung sind... Wenn man versteht und fühlt, dass man schon in diesem Leben an das Grenzenlose angeschlossen ist, ändern sich Wünsche und Einstellungen.

Letzten Endes gilt man nur wegen des Wesentlichen, und wenn man das nicht hat, ist das Leben vertan."[97]

Aber gerade eine solche futilistische Einstellung, die sich in erster Linie mit dem beschäftigte, was man in der Welt galt, mussten wir bei einem Gast erleben, der Zeit seines Lebens eine wichtige Rolle in der Lokalpolitik gespielt hatte. Er war jemand gewesen, zu dem man aufschaute, hatte eine ganz besondere Frau, stellte etwas dar. Nun lag er bei uns und wurde immer schwächer. Er benötigte Hilfe, ließ sie aber in keiner Weise zu. Er litt sehr unter der Situation seiner Hilflosigkeit und Bedürftigkeit, die er auch gar nicht zugeben konnte. Er fragte sehr gezielt nach einer Todesspritze. Er litt sichtlich und so fragte unser Arzt ihn eines Tages, ob es ihm denn eine Erleichterung wäre, wenn er sediert würde. In der Palliativmedizin wird Leid ganzheitlich betrachtet und ein seelisches Leid, wie es hier vorlag, war ebenso ein möglicher Grund für eine palliative Sedierung wie eine unhaltbare medizinische Situation. Der Gast hatte nur eine Frage; „Kann mich meine Frau dann so sehen?" – „Ja, selbstverständlich." – Er wurde nicht sediert.

Manchmal ist das Bild, das jemand abgeben zu müssen glaubt, sehr stark. Möglicherweise müsste er einer Lebenslüge auf die Schliche kommen, wenn er zuließe, dass Schwäche und Bedürftigkeit sichtbar werden. Aber eine Sterbebegleitung kann nur begleiten, sie muss möglicherweise auch einmal ein Stück führen, aber sie kann und darf nicht zwingen – auch nicht zu dem, was wir für „gutes" Sterben halten, auch nicht zum vermeintlichen Glück.

Die Begleitung kann nur begleiten, aber der Tod selber zwingt letztlich zur Kapitulation vor dem Größeren, verweigert die Möglichkeit, die Lebenslüge mitzunehmen. In der Auseinandersetzung mit dem Wesen geschieht nicht alles sichtbar für andere und so können wir viele Schritte nicht nachvollziehen, die ein Mensch gehen muss. Aber dieses Wesen scheint nicht zuzulassen, dass man sich ihm nicht beugt, dass ein Ich ihm auf Dauer die Erfüllung verweigert. Daher bleibt die Frage bestehen: Ist das Sterben ein „selbst"-bestimmtes Sterben, das sich in der Hingabe an das Wesen äußert, oder soll es ein ich-bestimmtes sein?

---

[97] Jung, Erinnerungen, Träume, Gedanken, S. 354.

Konzepte zwischen Halt und Behinderung

Ähnlich wie im letzten Fall kann ein Sterbender mit seinen Konzepten von der Welt und dem vermeintlichen Sinn des Lebens in Konflikte kommen. In dem letzten Fall hatte der Kranke offensichtlich die Vorstellung, dass ein Mensch nur einen Wert hat, wenn er etwas leistet und nach außen hin gut da steht. Dem kann er nicht mehr entsprechen und seine Welt gerät aus den Fugen.

Eigentlich sollen Konzepte aber die Welt zusammen halten. Es sind Grundvorstellungen, Entwürfe, die eigenen Erfahrungen entstammen. Allerdings müssen die Konzepte neuen Aufgaben angepasst werden, auch der Herausforderung, eine Antwort auf die drohende Vernichtung geben zu sollen. So kann etwas, was ein Leben lang Halt und Orientierung gegeben hat, einem plötzlich ins Nichts fallen lassen.

Die Frage: „Warum gerade ich?", entstammt häufig einem solchen Konzept. Da habe ich mir vorgestellt, dass die Menschen sterben, wenn sie alt sind, aber ich bin jung; dass sie sterben, wenn sie krank sind, aber jemand verunglückt; dass das Gute belohnt und das Schlechte bestraft wird, aber ich habe doch immer nur Gutes getan, und jetzt muss ich sterben. Gott ist gerecht, aber ich muss trotzdem sterben. Gott erhört meine Gebete, aber jetzt nicht.

Es sind Vorstellungen, die noch in den Kinderschuhen stecken geblieben sind, von Erwachsenen, die besonders in ihren Gottesvorstellungen einen Kleinkinderglauben zeigen. Offensichtlich hatten die Lebenserfahrungen keine Anpassung, kein Wachsen erfordert – bisher. Dieser Glaube wird durch den bevorstehenden Tod heftig erschüttert.

Frau J. hatte Zeit ihres Lebens viel Gutes getan. Ihr war es zu verdanken, dass mehrere junge Männer aus afrikanischen Staaten zu Priestern ausgebildet werden konnten. Sie spendete regelmäßig Geld, hatte unter der Geistlichkeit einige Freunde und glaubte, mit ihren Gebeten Gott zum rechten Handeln bringen zu können. Und jetzt war sie so krank. Sie hatte immer wieder gebetet, dass sie gesund würde, damit sie noch viel Gutes tun kann, Versprechungen gemacht. Es half alles nichts. Da hätte sie ja auch in Saus und Braus leben können, wenn sie jetzt keinen Lohn dafür bekam. Jetzt sollte sie sterben. Sie hatte geglaubt, Gott berechnen zu können, aber jetzt ging ihre Berechnung nicht mehr auf. „Warum gerade ich?", wurde in dieser Auseinandersetzung ganz allmählich zu einem: „Wer bist du?"

In seltenen Fällen waren die Konzepte starr und das Sterben schlimm. In Erinnerung ist mir eine Aids-Kranke mittleren Alters:

Sie hatte das Vollbild einer Aids-Erkrankung, die allerdings nie mit einem Medikament behandelt worden war. Der von uns hinzugezogene Spezialist für diese Erkrankung meinte, wenn sie nur die nötigen Medikamente bekäme, hätte sie wahrscheinlich gute Aussichten. Sie verweigerte alles. Für uns war sie schwer zugänglich, denn sie war in Begleitung von zwei Freundinnen, die auch alle Vollmachten hatten und die Kranke sehr abschirmten. Sie bestanden darauf, dass wir alles mit ihnen absprachen. Sowohl Beruhigungs- als auch Schmerzmittel verboten sie ganz. Der Freundeskreis erschien regelmäßig, der Frau ging es schnell schlechter und sie war bald kaum ansprechbar. Außerdem litt sie sichtlich unter Schmerzen. Wir verhandelten mit den Freundinnen mit wenig Erfolg. Im Zimmer standen mehrere Bilder. Einmal, als ich meiner Kollegin beim Betten half, ging diese zum Tisch und legte das dort stehende Bild eines Mannes um. „Ich habe das Gefühl, das hat einen schlechten Einfluss", sagte sie. Wir entdeckten dann noch so etwas wie einen Fetisch unter dem Kopfkissen der Kranken. Alles war sehr seltsam. Am schlimmsten für uns alle aber war, dass sich die Kranke auf einer Art Horrortrip befand. Zwar war sie nicht ansprechbar, aber so wie sie stöhnte, den Kopf warf und sich bewegte, musste sie böse Alpträume haben.

Nach einigen Tagen tauchte eine Tochter auf. Wir waren sehr überrascht, denn natürlich fragten wir bei der Aufnahme nach Angehörigen. Diese Tochter hatte ihre Mutter sehr lange gesucht, da sie vom Freundeskreis mehr oder weniger versteckt worden war. Die Mutter hatte sich nach der Diagnose in ihrer Verzweiflung diesem Kreis angeschlossen, weil Heilung versprochen wurde. Ihr wurde deutlich gemacht, dass die Erkrankung die Folge ihrer sexuellen Ausschweifung sei und dass Meditation und offensichtlich auch große Geldspenden sie davon reinigen konnten. Ihr wurde gesagt, dass sie jetzt durch eine schwere Krise müsse, wenn sie allem stand halte, würde sie aber geheilt werde. Offensichtlich glaubte unsere Patientin all das. Dass sie durch eine Krise ging, konnte man unschwer erkennen. An das Verbot der Schmerzmedikation hielten wir uns nicht mehr strikt. Aber darüber, welche Haltungen von uns zu akzeptieren seien, entbrannte eine heftige Diskussion.

Wie ich später im Internet recherchierte, handelte es sich bei dieser Sekte um einen Kreis, der einem bereits verstorbenen Heiler magische Heilkräfte zusprach, die sich über Haare, Fingernägel und ähnliches dieses Heilers mitteilten. Diese Haltung einer magischen Bewusstseinsstufe zeigt im Extremen die Not eines einzelnen Menschen, der seinen Gott verloren hat und in die Hände von Scharlatanen fällt, die einen sehr engen konzeptionellen Rahmen stecken. Es zeigt aber auch eine Tendenz, in der Bewusstseinsentwicklung rückwärts zu gehen zu einer magischen Stufe, aber auch zum Uroboros eines Paradieses, statt aufzubrechen zu neuen Ufern.

Eine ähnlich schlimme Erfahrung machten wir mit einem fundamentalistischen Christen aus Afghanistan. Sein Sohn las ihm täglich aus der Bibel vor, aber es müssen die bedrohlichen und düsteren Stellen gewesen sein, denn er hatte im Sterben ein so angstverzerrtes Gesicht, wie wir es selten erlebt haben. Seine Frau verfluchte ihn noch auf dem Totenbett.

Im Zusammenhang mit Nahtoderfahrungen kennt man auch das eher seltene Phänomen, das manche Menschen erschreckende Erfahrungen machen. Looser, der sich auf Phyllis Atvater beruft, stimmt dabei mit meiner eigenen Erfahrung überein, wenn er schreibt: „Wenn sie [Atvater] andererseits tiefer nach der psychischen Struktur der Erlebenden forscht, kommt sie zur Erkenntnis, dass Menschen mit einer fundamentalistischen Glaubenshaltung offenbar besonders dazu neigen, solch erschreckende oder schrecklich gedeutete Erfahrungen zu machen."[98]

Manches, was Menschen einen großen Teil ihres Lebens gestützt hat, erweist sich auf einmal am Ende des Lebens als unbrauchbar.

Herr Z. ist mit einem Bronchialkrebs mit Hirnmetastasen bei uns. Er ist verwirrt, unruhig und brabbelt Unverständliches vor sich hin. Einmal, als ich ins Zimmer komme, schaut er mich mit schreckensweiten Augen an. „Haben Sie Angst?" – „Ja" – eine deutliche Antwort, die erste. „Können Sie mir denn sagen, wovor Sie Angst haben?" – Es folgt ein relativ unverständliches Gemurmel, aber es ist eine Antwort. Um zu verstehen, versuche ich, ihn zu imitieren, dabei fällt mir das Wort „Hölle" ein. Also frage ich: „Haben Sie Angst vor der Hölle?" – „Ja!" Ganz klar kommt diese Antwort von dem verwirrten Menschen. Ich habe den Impuls, mich zu ihm zu legen und ihn in den Arm zu nehmen, aber das passt wohl nicht, obwohl es ihm gut täte. Ich werde herausgerufen, muss sowieso seine Medikamente holen. Als ich zurückkomme, scheint er auf mich zu warten.

---

[98] Looser, S. 96; (vgl. Atvater, P.M.H., „Is There a Hell? Surprising Observations about the NDE", in: Journal of Near Death Studies, Jahrgang 10, Nr. 3, Frühjahr 1992, S. 155 f.).

„Wissen Sie noch, wovon wir gesprochen haben?" – „Ja, vom Sterben."
Immer noch diese Klarheit, mir ist es fast ein wenig unheimlich. – „Soll ich
einen Priester rufen?" (Ich glaube nicht, dass es ihm hilft, aber ich will es
wenigstens anbieten.) – Die Antwort ist: „Nein, das bleibt unser
Geheimnis."

Hätte mir vorher jemand gesagt, dass dieser Mann zu einer solch
differenzierten Antwort in der Lage sein soll, hätte ich es nicht geglaubt,
aber er ist völlig klar. Ich habe meine offene Hand auf das Bett gelegt,
neben seinen Kopf. Er legt den Kopf hinein, ich berge ihn mit der anderen.
So stehe ich eine Weile bei ihm, bis ich frage, „darf ich ein Gebet für Sie
sprechen?" – Ja, das darf ich. Also bete ich für ihn, mit ihm, seinen Kopf
in meinen Händen: „Gott, sieh mich an in meiner Angst und Not." Mehr
nicht. Er sieht mich an, hört und ist ganz ruhig geworden, schläft in meinen
Händen ein. Nach einer ganzen Weile schleiche ich mich davon. Er stirbt
in der darauf folgenden Nacht ganz ruhig.

Ich bin überzeugt davon, dass wir, wenn wir einem Menschen tief in
seinem Wesen begegnen, in Kontakt mit etwas Größerem sind, mag man es
Gott nennen oder Selbst oder Wesen, die Bezeichnung ist nicht so wichtig.
Und das, was ich für diesen Menschen in dieser Begegnung war, kann ich
nicht machen, ich kann mich dem Größeren öffnen und diesem damit ein
Eintrittstor in der Welt werden. So wie ein Mensch die Hölle auf Erden erfahren kann, kann er auch die göttliche Liebe, von der er ja auch etwas weiß,
durch einen Menschen erfahren, und so darf sich sein altes Konzept auflösen
und einem größeren Mythos weichen. Die Vorstellung von der Strafe kann der
der Güte weichen.

Im Umgang mit den Sterbenden gibt es allerdings kein Rezept, das für alle
gilt. Die Begleitung muss sich letztlich immer an dem Menschen ausrichten,
mit dem ich es gerade zu tun habe. Einem anderen Menschen hätte
möglicherweise ein Priester gut getan. Zu einem anderen Zeitpunkt ist
vielleicht eine andere Reaktion angebracht. Dabei ist es auch wichtig, wie ich
als Begleiter mit dem umgehe, was sich mir intuitiv eröffnet. Verwerfe ich zum
Beispiel den Impuls, mich zu dem Kranken zu legen, als Verbot, ohne den
tieferen Sinn zu hinterfragen, wird mir ein Bedürfnis nach Geborgenheit nicht
bewusst, auf das ich reagieren kann. Das setzt einen sehr bewussten Umgang
mit mir selbst voraus.

In diesem Zusammenhang noch ein Wort zur Übertragung:
Das, was zum Beispiel in der Beziehung zu dem alten Mann geschieht, aber
auch alle anderen Situationen, hängen natürlich auch mit Übertragung

zusammen, denn Übertragung ist kein Fehler in einer Therapie, sondern ein allgemeinmenschliches Phänomen. Das Jungsche Übertragungsmodell ist in

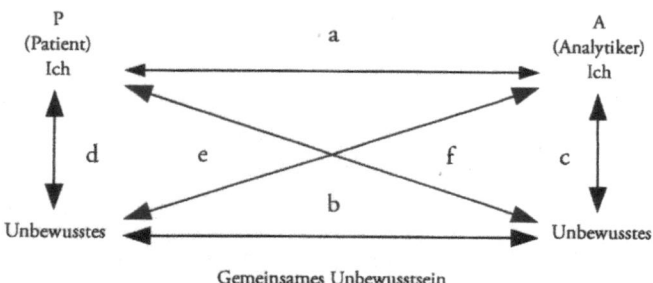

der nachfolgenden Abbildung dargestellt:[99]

In der Begleitung Sterbender scheinen mir die wesentlichen Übertragungsprozesse hauptsächlich auf den Linien b und e abzulaufen, obwohl natürlich alle Ebenen vorhanden sind, solange ein Mensch bei Bewusstsein ist. Da das Unbewusste einen so großen Raum einnimmt, wäre es wichtig, dass ein grundsätzliches Bewusstsein von diesen Prozessen auf Seiten der Begleiter, der Ärzte, Pflegenden, Seelsorger u.v.m., vorhanden wäre, und diese sich mit Linie c, der Bewusstmachung ihres Unbewussten, auseinander setzen würden. Leider ist das nicht der Fall und wird in der Ausbildung nicht vermittelt.

Der Körper als psychischer Resonanzraum

Ein Teil der Resonanz, die in unserem letzten Beispiel gespürt werden konnte, lag sicherlich in der körperlichen Erfahrung von Geborgen-Sein. Mein ursprünglicher Impuls, mich zu dem Kranken zu legen, hätte das gleiche Ziel verfolgt. Das Gefühl von Geborgenheit hat mit dem bereits angesprochenen Mutterarchetyp zu tun. In unserem frühen Stadium werden wir getragen, sind zu Beginn sogar ganz umhüllt von dem Mütterlichen. Geborgenheit kann man Babys vermitteln, aber auch verwirrten, alten, komatösen und fremdsprachigen Menschen, allen, die sich so sehr ausgesetzt fühlen müssen

[99] Jakoby, Übertragung und Beziehung in der Jungschen Praxis, S. 47.

auf ihrem Weg. Geborgenheit zu geben ist nicht in jeder Situation angezeigt, aber wenn es angezeigt ist, ist es dasjenige der Gefühle, das am ehesten über die Körperebene vermittelt werden kann.

Wie oft haben meine Kolleginnen „Nestchen" gebaut, d. h. den Kranken so in Decken und Betten eingehüllt, dass er wie in einem Nest lag. An eine Kollegin erinnere ich mich, die beim Drehen die Kranken, so gut es ging, ganz in die Arme nahm, sie wiegte und manchmal dabei sprach, „alles wird gut", wie eine Mutter ihr kleines Kind tröstet.

Da viele Menschen in der letzten Sterbephase nicht immer ganz orientiert sind, bekommt der körperliche oder besser gesagt leibliche Ausdruck eine immer größere Bedeutung. Es gilt, in ihm zu lesen und ihn zu verstehen.

Krankenschwestern und -pfleger sind den körperlichen Aspekten des Menschen sehr nah, wohl kaum eine andere Berufsgruppe hat einen so regelmäßig nahen körperlichen Kontakt mit dem Kranken. Außerdem haben sie – meist nach vielen Jahren Berufserfahrung – ein intuitives Wissen. Die Frage, ob das ein Effekt des Berufes ist oder ob eher bestimmte Menschen diesen Beruf ergreifen und damit eine große Offenheit für das, was um sie ist, vorhanden ist, bedürfte einer eigenen Untersuchung.

So wichtig der Körper aber auch ist, in unserer christlich geprägten Kultur hat sich im Laufe der Jahrhunderte eine Haltung herausgebildet, die dem Körper keinen Anteil am Seelenheil des Menschen zubilligt. Wie kommt es dazu? Fast verwundert es zu sehen, dass in anderen Zeiten und Kulturen ein Zusammenhang zwischen Körper und Seele oder auch zwischen der Ganzheit des Menschen und Seele durchaus bewusst war, aber je nach Kultur unterschiedlich verstanden wurde. Nach altchinesischer Auffassung trennt sich beim Tode die Hun-Seele (männlicher Yang-Anteil) von der P'o Seele (weiblicher Yin-Anteil). Im alten Ägypten steigt die Ba-Seele zum Himmel auf, während die Ka-Seele der Unterwelt, wo der Leichnam ruht, verhaftet bleibt.[100] Aber „trotz aller solcher kultureller Unterschiede... zeigt sich eine Art von beginnendem Dualismus in der Auffassung vom Schicksal des Toten, eine Polarität zwischen der Idee eines materie-entrückten, geistigen gottnahen Bereiches, wohin die „befreite" Seele des Menschen entschwebt, und eines mehr materieverhafteten Seelenteils und Bereichs, der mit einer Wiederkehr im Zyklus von Tod und Leben assoziiert wird, oder aber dann... mit der freien geistigen Seite wiedervereinigt werden muss (z. Bsp die Hun- und die P'o-Seele in China oder Ba mit dem Ka in Ägypten)."[101] Im christlichen Kontext wird dem Körper – dem sogenannten materiellen Teil des Menschen – keine eigener Seelenanteil zugesprochen, die Seele gehört allein in den

---

[100] Vgl. von Franz, Traum und Tod, S. 22.
[101] Von Franz, Traum und Tod, S. 22.

materieentrückten, gottnahen Bereich, aber auch hier wird die „Auferstehung des Fleisches" erwartet, d. h. am Ende (der Zeiten) werden Körper (Materie) und Seele vereinigt sein. Körper auf der einen Seite, Seele auf der anderen, Materie auf der einen Seite, Geist auf der anderen, Materie auf der einen Seite, Gott auf der anderen. Wir sind es gewohnt, dass das Auftauchen eines Objektes seinen Gegensatz gleich mitbringt.

Karlfried Graf Dürckheim, der die Initiatische Therapie unter Einbeziehung der Leibtherapie begründet hat, meinte, „unsere traditionelle Auffassung vom Leibe leidet unter der dualistischen Vorstellung eines seelenlosen Körpers, dem eine körperlose Seele gegenübersteht, mit der er in rätselhafter Weise verbunden ist. Im Hinblick auf den Menschen, so wie wir ihm begegnen... ist diese Trennung nicht aufrechtzuerhalten."[102] „Leib" meint auch in seiner ursprünglichen Bedeutung im Alt- und Mittelhochdeutschen „Leben", was sich noch heute im englischen *life* niederschlägt.[103] Insofern steht Leib einer ganzheitlichen Sicht weit näher als der Begriff Körper.

Dürckheim schreibt: „...so verstanden ist der Leib das Ganze der Gestimmtheiten und Gebärden, in denen der Mensch sich selbst als die ihrer selbst bewusste und zugleich die Welt erlebende und in ihr handelnde Person fühlt, ausdrückt und darstellt, in Raum und Zeit besteht oder untergeht, sich zum wahren Selbst hin verwirklicht oder verfehlt."[104] Diese „Körper-Seele-Einheit", von Graf Dürckheim als Leib bezeichnet, ist Ausgangspunkt der heutigen körperpsychotherapeutischen Richtungen aber auch der Analytischen Psychologie seit Jungs frühester Forschungen."[105] Neueste neurologische Forschungen bestätigen den engen Zusammenhang zwischen Psyche und Körper, indem sie ein hirnorganisches Korrelat zu Gefühlen und Handlungsmustern nachweisen, die so genannten Spiegelneuronen[106]. Als Folge fehlender Spiegelung durch Menschen ist demnach sogar der physische Tod möglich.[107]

---

[102] Dürckheim, Vom doppelten Ursprung des Menschen, S. 116.
[103] Vgl. Kluge, Etymologisches Wörterbuch.
[104] Ebd., S. 171.
[105] Müller/Müller, Wörterbuch der analytischen Psychologie, S. 237.
[106] Wobei hier die Gefahr besteht, dass alles als nur körperlich betrachtet wird.
[107] Vgl. Bauer., S. 109 ff. Und: „Der Staufferkaiser Friedrich der II. (1194 – 1250) ließ Kinder von Ammen aufziehen, denen es verboten war, mit ihnen zu sprechen. Er wollte herausfinden, welche Sprache diese Kinder sprechen würden. Sie starben", (S. 108).

Sexualität

Ein wichtiger Aspekt unserer leiblichen Verfasstheit ist die Sexualität. Ursprünglich auf die Erhaltung der Art ausgerichtet, ist, auch davon losgelöst, in der Sexualität eine Erfahrung von Einheit und Ungetrenntheit möglich. Sie ist aber auch gerade durch ihre Funktion im Rahmen der Arterhaltung auf ganz besondere Weise mit dem Leben verbunden. Und sie scheint nicht in den Kontext von Sterben zu gehören. Zudem lassen Schmerzen, Schwäche, ja körperliche Gebrechlichkeit sich so wenig mit dem kraftvollen Akt der sexuellen Vereinigung zusammenbringen.

Gleichzeitig sind in unserer Gesellschaft alle Fragen des Sexualverhaltens sehr intim und wir haben oft wenig gelernt, darüber zu kommunizieren. Daher brachte das Verhalten eines jungen Mannes uns ziemlich durcheinander.

Er war etwa Mitte dreißig, ledig und im Bereich von körperlicher Schönheit beruflich tätig. Jede Nacht setzte er sich in das Wohnzimmer des Hospizes und sah sich im Fernsehen mit ziemlicher Lautstärke einen Pornostreifen nach dem anderen an. Die Nachtschwester fühlte sich dadurch belästigt.

Es war wohl ein Schrei nach Leben. Aber wir konnten seine Bedeutung damals nicht erkennen. Und so konnte auch niemand von uns mit dem Totkranken darüber sprechen. Es gelang uns lediglich, ihn eine Zeit lang mit seinen Filmen in sein Zimmer zu verbannen. Das hatte damit zu tun, dass wir damit nicht umgehen konnten.

In anderen Beziehungszusammenhängen, etwa bei Eheleuten, war das etwas einfacher. Hier konnte ich schon erkennen, wenn es intime Bedürfnisse gab, und diese auch dem anderen Ehepartner vermitteln. Damit bot ich mich natürlich auch als Gesprächspartner an, wenn es auf Seiten des Gesunden Ängste gab, Ängste, den Kranken zu verletzen, zu sehr anzustrengen, nicht zu wissen, wie man ihn/sie berühren sollte.

Darüber hinaus verändert ein Tumor sehr häufig das Körperbild. Gerade, wenn Geschlechtsmerkmale wie Brust oder Genitalien oder Gebärmutter betroffen sind, taucht die Frage nach der eigenen Identität auf. Wer bin ich mit einer zerfressenen Brust, mit überdimensionalen Hoden, als junge Frau ohne Eierstöcke? Aber auch, wer bin ich mit einem Tumor, der offensichtlich meine Erscheinung so sehr in Mitleidenschaft zieht?

Während ich dies schreibe, habe ich das Bild einer Frau vor Augen, die auf Grund des Tumors ihren Unterkiefer eingebüßt hatte. Mit großer Freude machte sie sich schön für ihren Lebensgefährten: die Nägel wurden lackiert, die Haare gewaschen und zurecht gemacht. Was man aber vor allem sah, waren strahlende Augen, eine große innere Schönheit.

Unser Leib speichert die Erfahrungen unseres ganzen Lebens. Hier werden oft auch Verletzungen sichtbar, die über viele, viele Jahre verdrängt wurden. Da Pflegende immer wieder die Grenze der Intimität überschreiten müssen, wenn sie zum Beispiel einen Menschen waschen, sogar im Intimbereich, kann es, gerade in einer Pflegeabhängigkeit, sein, dass diese Verletzungen berührt und aktualisiert werden, ohne dass es einer der Beteiligten beabsichtigt. Für beide Seiten ist es schwer, damit umzugehen, denn das Drama spielt sich jenseits der Kontrolle des Kranken ab.

In bleibender Erinnerung ist mir eine Frau mittleren Alters. Sie war verheiratet, hatte eine Tochter von etwa zehn Jahren. Es hieß, dass sie auf Grund von Wirbelsäulenmetastasen heftigste Schmerzen und auch eine spastische Haltung hatte. Meist lag sie mit überkreuzten extrem angezogenen Beinen im Bett. Aber manchmal war sie recht entspannt, besonders wenn sie Fernsehen schaute. Sie war nicht mehr in der Lage, ihren Stuhlgang zu regulieren, und so musste sie regelmäßig gesäubert werden. Dann nahm das Drama seinen Lauf: In ihren Beinen setzte eine Spastik ein, die weder durch gutes Zureden, durch Ablenken oder durch den Einsatz von vier starken Händen zu überwinden war. Der Leib schützte den Intimbereich. Da ich etwas Ähnliches schon einmal bei einer alten Frau erlebt hatte, die im Krieg vergewaltigt worden war, kam ich recht schnell auf die Idee einer zurückliegenden Vergewaltigung. Dieses wurde mir von der Schwester der Patientin bestätigt. Nach einer Feier war sie von mehreren Männern vergewaltigt worden. Sie hatte nur mit ihrer Schwester darüber gesprochen. Sonst wusste es keiner. Vorsichtig boten unsere Ärztinnen eine Therapie an, die aber abgelehnt wurde. Kurze Zeit später wurde diese schwerstkranke Frau nach Hause entlassen, wo sie dann auch starb.

Kann es sein, dass manchmal der Tod für einen Menschen die einzige Lösung ist?

Haltung

Haltung meint Inneres und Äußeres, ein Inneres, das im Äußeren sichtbar wird. „Die rechte Haltung erweist sich in der rechten Stellung des Menschen zwischen Himmel und Erde und seinem Grundverhältnis zur Welt."[108]

---

[108] Dürckheim, Meditieren, wozu und wie, S. 91.

Oftmals nehmen wir unsere Haltung nicht wahr, haben kein Bewusstsein davon. Einen ganz neuen und nicht geläufigen Aspekt dieser Körper-Seele Einheit drückte ein Mann im mittleren Alter folgendermaßen aus:

> *„Ich wusste gar nicht, wie schwer es ist, den Körper aufrecht zu halten – sogar im Liegen."* Dabei war es aber durchaus möglich, mit ihm noch hoch *geistige Gespräche zu führen. Er war seinem Tod näher, als er wahrhaben wollte – oder auch konnte – und starb nach einem kurzen Aufenthalt bei uns, nachdem er wegen einer Verschlechterung, die er hoffte beherrschen zu können, ins Krankenhaus verlegt worden war.*

Den liegenden Körper aufrecht halten zu müssen war für mich eine völlig neue und unerwartete Vorstellung. Offensichtlich „weiß" der körperliche Aspekt hier bereits mehr.

Im Fall des bereits mehrfach erwähnten ALS-Patienten half eine morgendliche Leibtherapie ihm lange Zeit, seine aufrechte Haltung und ein In-der-Mitte-Sein auch körperlich durchzuhalten. Fiel diese Therapie einmal aus, hatte er sichtlich mehr Probleme zu sitzen und den Kopf zu halten.

Schmerzen

Einen besonderen Stellenwert in diesem Zusammenhang nehmen Schmerzen ein. Zunächst sind Schmerzen eine Warnung des Körpers, „hallo, hier ist etwas nicht in Ordnung." Sie richten die Aufmerksamkeit auf die schmerzende Stelle, auf das, was in Unordnung geraten ist. Bei einer Krebserkrankung sind es noch immer die Schmerzen, die am meisten gefürchtet werden. Manche Menschen haben noch Erinnerungen an einen sterbenden Angehörigen, der unter qualvollen Schmerzen sein Leben beendet hat, in einer Zeit, in der selbst in der Krebstherapie Opiate wegen ihres Suchtpotentials von Ärzten gemieden wurden. Der Beginn der Palliativmedizin war ein Kampf gegen den Krebsschmerz und dieser Schmerz ist in manchen Fällen noch heute eine Herausforderung. Zwei Schwierigkeiten gibt es in der Schmerzbehandlung im Zusammenhang dieser Arbeit. Zum einen kann der Schmerz eine Ursache haben, die nicht im körperlichen Bereich liegt – was trotzdem nicht weniger Schmerzen macht –, und zum anderen haben Schmerzen für Sterbende manchmal einen Sinn.

„Das ist psychosomatisch" gehörte zu meinen meist gehassten Sätzen, kennzeichnete es doch oft eine Haltung, die den psychosomatischen Schmerz als weniger wirklich einschätzte. Der Kranke wollte dann im einfachsten Fall nur Zuwendung. Allerdings kann das geforderte Maß an dieser Zuwendung manchmal auch das personell vergleichsweise gut aufgestellte Team eines Hospizes überfordern, wenn ein Kranker in seinem Wunsch nach Geborgenheit in einen Kleinkinderzustand regrediert und eine ständige Präsenz der Bezugsperson wünscht.

Besonders eine Frau stellte unsere Geduld und unser Wissen auf eine harte Probe. Kein Schmerzmittel half dauerhaft, und Anwesenheit half auch nicht sicher. Allmählich wurde sogar vermutet, dass sie gar keine Schmerzen habe, ihr Gesichtsausdruck passte nicht zu dem, was sie sagte.

Heute, mit dem Abstand vieler Jahre, kann ich sagen, möglicherweise wäre es ausreichend gewesen, mit ihr auszuhalten. So lebten wir in der Übertragung ihres Wunsches, dass der Schmerz weg sein solle – sprich auch, dass der Krebs weg sei, dessen Äußerung der Schmerz ja war – und wollten einfach nur unsere Ruhe. Der Schmerz ist fühlbar, und wenn ein Mensch nichts fühlen kann, nicht Trauer, nicht Freude, was diese Frau nicht konnte, dann ist es im Grunde sehr viel, den Schmerz fühlen zu können. Es ist der einzige Zugang zu der Welt der Gefühle. Möglicherweise liege ich auch völlig falsch mit meinen Überlegungen, aber sie scheinen mir doch in diesen Raum zu gehören.

Ein weiteres Tor zu der Beziehung eines Menschen zum Schmerz wurde mir der Satz eines Lama[109]. Er sagte in einem Vortrag: „Suffering is optional, pain is not optional", in freier Übersetzung: „Leiden ist wählbar, Schmerz nicht." Hier wird ein Unterschied gemacht zwischen dem Schmerz und dem Leiden. Und in der Tat entsteht ein großer Teil des Leidens dadurch, dass sich Menschen Vorstellungen machen, die dann nicht erfüllt werden. Sie machen sich Vorstellungen darüber, wie ihr weiteres Leben verläuft, dass das Kind, mit dem es seit Jahrzehnten keinen Kontakt gibt, sich am Sterbebett versöhnt (oder besser unterwirft), dass das Sterben schnell geht. Manches Leiden wäre nicht da, wenn wir nicht so genaue Vorstellungen hätten, wie es sein sollte.

Eine Ahnung dieses Zusammenhangs kommt in dem „Total Pain"-Konzept" der Palliativmedizin zum Ausdruck (siehe Diagramm auf der gegenüberliegenden Seite), wobei hier „Pain" und „Suffering" allerdings synonym verwendet werden.

„Total Pain" meint die Tatsache, dass Schmerz verschiedene Dimensionen einnimmt, die physische, die psychische, die soziale und die spirituelle Dimension. Ein Mensch, der zum Beispiel Kopfschmerzen hat, ist körperlich eingeschränkt und in seinen sozialen Kontakten beeinträchtigt, weil der Schmerz ihn so sehr behindert. Je nach Schwere der Schmerzen ist er missgestimmt, deprimiert, hat keine Lust zu Aktivitäten und er hat gar keine Kapazität, um sich mit spirituellen Fragen auseinanderzusetzen.

---

[109] Lama: spiritueller Lehrer im tibetischen Buddhismus.

Für manche Menschen scheint der Schmerz als Signifikant des Krebses sogar eine wichtige Rolle zu spielen, denn er erinnert sie immer wieder daran, wie krank sie sind. Mit den Mitteln der modernen Schmerztherapie ist es heute in den meisten Fällen möglich, einen krebskranken Menschen bis zum Ende schmerzfrei zu halten.

Trotzdem verweigerten manche die regelmäßige Einnahme der Schmerzmittel und warteten lieber ab, bis der Schmerz sich wieder meldete. Ohne Schmerzen könnten sie ein relativ unbeeinträchtigtes Leben führen. In der Vorbereitung auf den Tod ist es aber unter Umständen wichtig, diesen Tod nicht zu vergessen, sein Nahen immer wieder greifen, spüren zu können, ihn nicht in das Reich der Fabel verdrängen zu können. Es scheint fast, als ob das Verhältnis zwischen Körper und Seele ganz ohne Schmerz in eine Schieflage gerät.

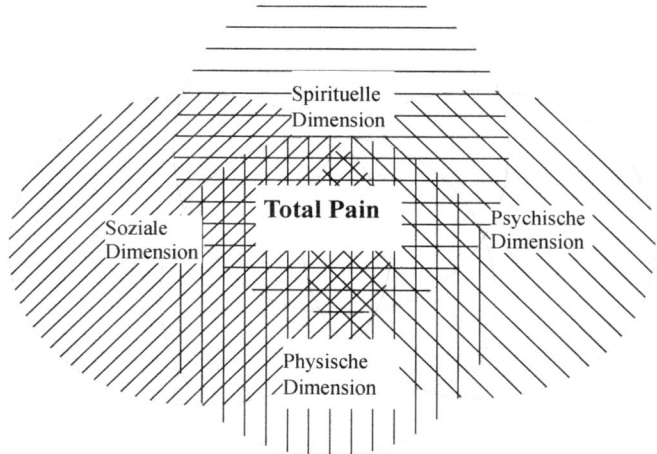

An diesem Diagramm ist die Tatsache deutlich zu erkennen, dass es auch einen rein physischen Aspekt des Leidens gibt.

Inkarnation – Exkarnation

Ein beeindruckendes Beispiel dafür, wie wenig wir noch immer von diesem Leben und Sterben, von Körper, Seele und Leib wissen, ist das Beispiel von Herrn R.:

Herr R. war Zeit seines Lebens behindert, eine schwere Krankheit am Anfang seiner Kindheit hatte ihn fast das Leben gekostet und ihn später auch daran gehindert, regelmäßig zur Schule zu gehen oder eine Ausbildung zu machen. Er lebte allein und hatte schon seit vielen Jahren einen rechtlichen Betreuer. Seine körperliche Erscheinung war ausgesprochen ungepflegt bis verwahrlost. Zu meiner ersten Aufgabe gehörte es daher, ihn zu baden, auf Läuse und ähnliche Parasiten zu untersuchen und zu behandeln. Der Arzt hatte eine besondere Salbenrezeptur aufgeschrieben, mit der er von Kopf bis Fuß einzucremen war. Am liebsten hätte ich zwei Paar Handschuhe übereinander gezogen, damit ich „damit" nicht in Berührung kam. Aber ich spürte auch, dass er mehr als alles andere die Berührung brauchte. Dieser Leib war so achtlos behandelt und ungeliebt. Ich überwand meinen Ekel und cremte ihn ohne Handschuhe ein. Danach gab es Abendbrot und ich setzte mich zu ihm, da ich ihn noch mehr kennen lernen wollte. Er schien ein sehr einfacher Mensch zu sein, aber er konnte ausgezeichnet Schach spielen. Nebenbei erzählte er mir, dass er fast jede Nacht seinen Körper verlassen würde. Im Laufe der Zeit berichtete er allen davon und es könnte gewesen sein, dass er sich wichtig machen wollte. Aber eines Abends fing er dann an, „wissen Sie, wenn ich einschlafe, dann fange ich an, über dem Körper zu schweben. Ich sehe mich dann da liegen in dem Bett und schlafen. Aber ich versteh nicht, warum ich immer wieder zurück muss in diesen Körper, wo ich doch sowieso sterbe. Warum kann ich nicht einfach draußen bleiben?"

Er setzte sich auseinander. Freilich hatte ich auch keine Antwort, aber es schien tatsächlich so zu sein, als ob er noch gar nicht auf dieser Erde angekommen war. Sein Körper war wie das Nadelöhr, durch das die Seele hindurch musste.

Es könnte dann so sein, dass es im idealen Fall während des menschlichen Lebens diese Einheit von Körper, Seele und Geist gibt, die bis in jede einzelne Zelle hinein existiert. Außerkörperliche Erfahrungen, in denen Körper und Seele/Geist keine Einheit mehr bilden, sind keine Erfahrungen des Alltags, sondern sind häufig das Ergebnis eines Traumas oder der Tatsachen, dass ein Mensch nicht richtig „angekommen" ist. Außerkörperliche Erfahrungen gibt es in den Berichten aus Nahtoderlebnissen, in denen Menschen beispielsweise ihre eigene Reanimation von außen mit ansehen, in den Berichten über Hirnoperationen mit Senkung der Körpertemperatur.

Das, was sich inkarniert hat, was in eine Einheit mit dem Körper gegangen ist, muss sich im Sterben wieder trennen. Im Traum einer Frau kommt etwas Ähnliches zum Ausdruck:

Auf Grund ihres Tumors und der Metastasen war ihr ganzer Körper aufgequollen und voll mit Wasser. Sie konnte das Bett nicht mehr verlassen, sich kaum bewegen und bekam schwer Luft. Sie träumte, sie sei in Südamerika im Urlaub. Plötzlich wurde sie entführt und in ein Gefängnis geworfen und dort ziemlich malträtiert. Unsere Gäste träumten ausgesprochen selten und der Traum machte schnell die Runde. Aber keiner konnte etwas damit anfangen. Als ich bei ihr war, sprach ich sie auf den Traum an. Sie erzählte ihn und fragte mich nach der Bedeutung. „Haben Sie denn eine Idee, wann sie sich so eingesperrt gefühlt haben?", fragte ich. „Ja, eigentlich jetzt die ganze Zeit bin ich in meinem Körper eingesperrt. Wissen Sie, ich hätte schon längst gehen müssen, aber ich habe meine Zeit überschritten. Vor einem halben Jahr bin ich dem Tod noch einmal von der Schippe gesprungen. Ich glaube, es wird jetzt Zeit." Es war für sie der Durchbruch. Sie konnte zustimmen mit der Vorstellung, sich zu befreien.

Gabriel Looser warnt in seinem Buch „Die Seele ins Licht begleiten" vor der Vorstellung, „der Tod sei… nichts anderes als die Befreiung der Seele aus dem Gefängnis des Körpers, und das sei etwas Wunderbares, Anlass einzig zur Freude; für Angst sei weder Grund noch Raum."[110] Er weist darauf hin, dass das nur die eine Seite unserer polaren Existenz sei und die Radikalität des Todes damit nicht anerkannt würde.

Es ist die Gegenbewegung zu dem materialistischen Denken, das den Körper in den Mittelpunkt stellt und von einer Seele nicht viel wissen will. Besonders besorgniserregend ist die Tatsache, dass auch Elisabeth Kübler Ross in ihrem Alter die Auffassung vertrat, „der Tod ist eine wunderbare und positive Erfahrung, aber wenn der Vorgang des Sterbens sich so sehr in die Länge zieht wie bei mir, wird er zum Albtraum."[111] Sie erkennt zwar in der zeitlichen Dauer ihres Sterbens eine Herausforderung, stellt sich aber der Radikalität nicht.

C. G. Jung wird dem gerecht, wenn er schreibt: „Der Tod ist ja auch eine furchtbare Brutalität – darüber darf man sich nicht täuschen –, nicht nur ein physisches Geschehen, sondern viel mehr noch ein psychisches: Ein Mensch wird weggerissen, und was bleibt, ist eisige Totenstille. Keine Hoffnung besteht mehr auf irgendeinen Zusammenhang, denn alle Brücken sind abgebrochen."[112]

---

[110] Looser, Die Seele ins Licht begleiten, S. 32.
[111] Kübler-Ross, Das Rad des Lebens, S. 356.
[112] Jung, Erinnerungen, Träume, Gedanken, S. 343.

Loslassen

Solange aber nur ein Funken Leben im Menschen ist, sind diese Brücken eben noch nicht abgebrochen. Und nicht nur Körper und Seele sind in einem Kommunikationsgefüge, dieses scheint mit den geliebten Nächsten im Austausch zu sein:

Frau G., Anfang vierzig, hatte einen schnell wachsenden Hirntumor. Sie hatte mit ihren beiden Kindern und ihrem Ehemann zusammengelebt. Die Kinder waren zwischen 10 und 15 Jahre alt. Frau G. begriff gar nicht so schnell, was mit ihr geschah. Sie wollte wieder nach Hause zu ihren Kindern. Aber die Krankheit schritt mit Riesenschritten voran und nach wenigen Tagen schon lag sie im Koma. Ihre Atmung veränderte sich. Die Atempausen wurden immer größer. Da sie einen Katheter hatte, konnte ich sehen, dass die Nieren ihre Tätigkeit eingestellt hatten, da kein Urin mehr produziert wurde. Der Atem hatte sich verändert. Ich saß an ihrem Bett in Erwartung des letzten Atemzuges. Den Ehemann hatte ich bereits drei Stunden zuvor angerufen, er wollte die Kinder von der Schule abholen und kommen, aber er hatte einen weiten Weg. Jeder Atemzug konnte der letzte sein und ich wünschte ihr, dass sie es schaffen würde, bevor die Familie kam. Mittlerweile war Übergabe und ich musste mich von einer ehrenamtlichen Pflegerin ablösen lassen. Als ich nach der Übergabe zurück kam, war die Familie da. Frau G. hatte eine gute Urinausscheidung und ihr Atem ging wieder regelmäßig. Sie brauchte weitere 24 Stunden, um sich endgültig zu verabschieden.

Was an dem letzten Beispiel besonders deutlich wird, ist der große Einfluss, den die Psyche auf den Körper ausübt. Manchmal warten Sterbende noch, bis diese eine Person kommt oder bis eine Feier zu Ende ist, bis das Enkelkind geboren ist oder wenigstens bis zum ersten Weihnachtstag.

Das Loslassen der Seele macht sich dann allerdings auch oft im körperlichen Loslassen sichtbar, so zum Beispiel, wenn ein Sterbender noch einmal kontrolliert Urin lässt und gleich darauf den letzten Atemzug macht. Dieses Zusammentreffen der körperlichen Äußerungen des Lassens konnte ich mehr als einmal beobachten, auch, wenn nach dem letzten Atemzug auf einmal alles losgelassen ist und aus allen Körperöffnungen ungehindert fließt, was bisher zurückgehalten wurde.

Die Bedeutung der Angehörigen

Wie wir an dem letzten Beispiel sehen konnten, kann die Bedeutung der Angehörigen gar nicht hoch genug eingeschätzt werden. Zu ihnen führen die Brücken, die abgebrochen werden müssen. Sie bilden den sozialen Kontext, aus dem es sich zu verabschieden gilt. Sie bilden ebenso einen Teil des Kollektivs, mit dem der Mensch Zeit seines Lebens auch verbunden ist. Auch Angehörige müssen den Weg der Verabschiedung gehen, auch Angehörige trauern, nicht erst nach dem Tod und – Angehörige haben eine große Macht. Es scheint im Sterben auch darum zu gehen, dass Angehörige den Teil der Macht, den die Liebe ihnen zuzuschreiben scheint, abgeben, wie zum Beispiel in der Entscheidung, ob eine Behandlung noch weiter geführt wird. Es scheint darum zu gehen, dass sie dem Kranken die Verantwortung für sich selbst zumuten; so wie es auch darum geht, die Verantwortung für sich selbst zu übernehmen. Ja, es geht darum, dass jeder die Verantwortung für sich selbst übernimmt. Was dann bleibt, ist Liebe.

Die Verantwortung übernehmen

Die Verantwortung an den richtigen Adressaten zu geben, beginnt schon bei einem Aufnahmegespräch: Der Kranke wird gefragt, der Angehörige antwortet. Meist geschieht dies wohl, um den geschwächten Kranke zu entlasten. Aber einen Menschen ernst zu nehmen bedeutet, ihm seine Antworten zu lassen und mit den Antworten seine Entscheidungen und sogar seine vermeintlichen Fehler. Es könnte sogar bedeuten, bei einem Aufnahmegespräch den Kranken mit dem Arzt oder der Schwester allein zu lassen. Aus gegenseitiger Rücksichtnahme – keiner will den anderen verletzen oder verängstigen – wird vieles nicht ausgesprochen, was hilfreich wäre, gesagt zu werden, so zum Beispiel das Sprechen über den Tod, der Wunsch, nach langem Kampf gegen die Krankheit aufgeben zu dürfen und den Tod anzunehmen.

Im Laufe des Lebens werden immer wieder Verantwortungen übernommen, etwa, wenn Eltern für ihre Kinder sorgen. Wenn die Kinder dann erwachsen werden, bleibt aber das Gefühl der Verantwortung oft erhalten. Ebenso kann es sich zwischen Ehepartnern verhalten. Einer sorgt für den anderen, jeder fühlt sich für den anderen verantwortlich. Es ist ein wechselseitiges Geflecht. Der Kranke rutscht dann manchmal fast unmerklich in die Situation des Kindes. Statt Partner wird er oder sie Kind – unselbständig, nicht fähig, Verantwortung zu tragen. Man kann dann am Krankenbett oft hören, „du musst wieder gesund werden, wie soll ich denn ohne dich zurecht kommen?" Es ist wichtig, dass der Sterbende dann auch hört, „ich komme ohne dich zurecht." Für Angehörige ist es häufig schwer, die richtigen Worte zu finden, sie haben Angst, den anderen zu verletzen. In der Begleitung von Sterbenden kann es daher notwendig sein, dass man Angehörige hier unterstützt. Ich habe bereits von der Kroatin gesprochen, die ihren Mann Maria anvertraute. Es ist wichtig zu sagen: „Ich liebe dich. Ich würde gern noch viele Jahre mit dir verbringen. Aber du darfst gehen. Ich komme in Zukunft allein zurecht. X. ist noch da und hilft mir. Ich danke dir für alles, was du für mich getan hast." Oft muss das selbst bei bereits nicht mehr ansprechbaren Menschen gesagt werden. Sie hören es – möglicherweise mit einem inneren Ohr – und nehmen genau wahr, was geschieht. Du darfst gehen. Ich komme zurecht.

Auch die Sterbenden müssen die Verantwortung abgeben. Eine sterbende Frau wachte wieder aus dem Koma auf, um ihren Angehörigen zu sagen, „ihr braucht keine Angst zu haben, ich habe es gesehen, es ist nicht schlimm." Danach war sie wieder nicht mehr ansprechbar. Es war eine wichtige Erfahrung, die die anwesenden Kinder in ihrer Welt so nicht machen konnten. Aber irgendwann gilt es, die liebsten Menschen zurück zu lassen.

Der Abschied

Oft ist es für die Angehörigen schwer zu begreifen, dass der geliebte Mensch ausgerechnet dann stirbt, wenn sie nicht im Zimmer sind. Da haben sie schon stundenlang gesessen und müssen nur einmal kurz zur Toilette. Genau darauf scheint der Sterbende gewartet zu haben. Es ist schwierig, zu gehen, wenn jemand, der hält und gehalten wird, neben dem Bett sitzt. Wenn wir etwas von dieser Schwierigkeit wahrnehmen konnten, haben wir versucht, die Angehörigen vorübergehend aus dem Zimmer zu holen, indem wir ihnen vor der Tür immer wieder erklärt haben, wie wichtig es ist, dem Sterbenden den nötigen Raum zu geben. Es ist eine paradoxe Situation. Einerseits wünscht sich fast jeder, er möchte im Beisein oder in den Armen eines Angehörigen sterben, wenn es dann aber so weit ist, ist die Bindung doch fast zu stark als dass der Weg gegangen werden könnte.

Als der Patient mit dem Astrozytom, von dem ich anfangs bereits berichtete, gerade ins Koma gefallen war, benachrichtigte ich seine Frau, die etwa 12 Stunden zu uns brauchte, und seine Brüder, die in der Nähe wohnten und arbeiteten. Ich ging zurück ins Zimmer und sagte es ihm. Darauf fing er ganz aufgeregt an zu atmen. Es machte den Eindruck als ob er unbedingt etwas sagen wolle, dabei war er aber unter klinischen Gesichtspunkten bewusstlos. Ich versuchte ihn zu beruhigen, denn es schien offensichtlich in Zusammenhang mit meiner Information an die Angehörigen zusammen zu hängen. War es doch so, dass ich lange überlegte hatte, ob ich nicht noch warten solle mit der Benachrichtigung, da die Angehörigen sehr liebevoll, aber nicht weniger hartnäckig ihn immer wieder mit Aktionen, die ihn auch sehr anstrengten, im Leben gehalten hatten. Jetzt sagte ich ihm nur, „Sie brauchen keine Angst zu haben. Da, wo Sie jetzt sind, können Ihre Brüder Sie jetzt nicht mehr zurückholen. Sie dürfen jetzt zu B. gehen [sein verstorbener Bruder, der bei einem Motorradunfall ums Leben gekommen war], der wartet schon auf Sie, um Ihnen die Hand zu reichen [eine Vision eines noch lebenden Bruders]. Ich setzte mich an sein Bett und blieb bei ihm. Er schien immer tiefer in diesen Zustand zwischen Himmel und Erde zu entschwinden. Als die Geschwister und Eltern da waren, begann eine ziemliche Umtriebigkeit um ihn herum.

Die meisten Menschen können es nicht aushalten, untätig einfach nur am Bett zu sitzen und es ist ein dauerndes Hand halten, streicheln, aufdecken, zudecken, Mund befeuchten, Lippen cremen im Gange, was sich nicht hilfreich auswirkt. Man muss doch etwas tun! Kaum einer hat gelernt, einfach nur da zu sein.

Unser Patient starb in der Nacht, nur kurze Zeit, nachdem die Ehefrau das Zimmer betreten hatte.

Von mir aus wäre noch anzumerken, dass ich an diesem Abend heftige Kopfschmerzen hatte, sie fingen an, als ich neben dem Bett saß. Sie waren genau da, wo auch der Kranke immer wieder Kopfschmerzen angegeben hatte. Es scheint da einen Raum zu geben, in dem es keine scharfe Trennung gibt zwischen Ich und Du, einen transzendenten Raum, dem man sich öffnen kann, aber auch verschließen.

Und noch ein Wort zum Hand Halten. Unseren Hospizhelfern wurde beigebracht, dass sie ihre Hand nicht auf die Hand des Sterbenden legen sollten, sondern unter die Hand, damit dieser ohne viel Kraftaufwand seine Hand zurückziehen kann, wenn er denn möchte. Die Hand auf der Hand hält fest, die Hand unter der Hand ist ein Angebot von Begleitung, lässt Raum.

Veränderte Bewusstseinzustände

Etwas Ähnliches gilt für das Streicheln. Ein ununterbrochenes Streicheln ist dazu geeignet, den andern nicht aus dem Bewusstsein der körperlichen Nähe abgleiten zu lassen. Es hält im Hier und Jetzt. Es ist ein Reiz, der von außen zugeführt wird.

Der Sterbende ist, auch wenn er nicht im Koma liegt, oft in einem Bewusstseinszustand, der nicht dem Tagesbewusstsein entspricht, in einer Art Zwischenwelt. In dieser Zwischenwelt kann er noch mit allerlei beschäftigt sein: zum Beispiel mit Aufräumen, dem Aufräumen seines Lebens. Man kann es daran erkennen, dass sich Arme und Hände bewegen, als ob etwas geordnet würde, Fäden, die sortiert werden, Dinge, die von einer Seite auf die andere geräumt werden. Es kann dann auch sein, dass der Kranke in einem halb wachen Moment davon spricht, er müsse Koffer packen, man solle ihm sein feines Gewand heraus hängen. Manche versuchen auch aufzustehen, los zu laufen, weil sie nach Hause müssen, all das in einem halben Dämmerzustand. Sie nehmen die Außenstehenden dann zwar noch wahr, aber diese sind nicht mehr so wichtig. Die Sterbenden sind auch von ihrem Vorhaben kaum abzubringen. All diese Dinge sind sehr wichtig. Es sind symbolische Handlungen.

Einer unserer Gäste kam aus Banja Luka. Er hatte nur einen einzigen Wunsch, nach Banja Luka zurückzukehren. Wir setzten alle Hebel in Bewegung, um eine Verlegung in die Heimat zu ermöglichen. Der Krankenwagen hätte durch mehrere Länder fahren müssen. Was sollte geschehen, wenn der Kranke unterwegs verstarb, welche Fahrer würden sich einer solchen Belastung aussetzen wollen. Wie sah es überhaupt mittlerweile in Banja Luka aus? Gab es da ein Krankenhaus, das den Kranken aufnehmen konnte?

Schließlich war alles organisiert. Am nächsten Morgen konnte der Transport starten. Ich ging zu dem Kranken: „Morgen früh fahren Sie nach Hause." Hörte er mich überhaupt? Am nächsten Morgen ging es ihm so schlecht, dass an einen Transport nicht mehr zu denken war. Der unmittelbare Sterbeprozess hatte bereits eingesetzt. Er hätte es nicht einmal bis zur deutschen Grenze geschafft.

Nachdem der Weg nach Hause frei war, starb dieser Gast und wählte damit einen anderen, möglicherweise weniger beschwerlichen Weg – nach Hause.

„Nach Hause", der Ort von dem wir kommen, zu dem es uns wieder hin zieht, meint nicht nur die irdische Heimat, sondern letztlich auch jenen transzendenten „Ort", der Anfang und Ziel des Lebens ist, an dem und aus dem sich das Leben erfüllt.

Recht häufig kommt es auch vor, dass Sterbende Wahrnehmungen haben, die wir nicht teilen können. Eine Patientin fragte mich, ob ich denn auch die Engel singen höre, sie höre eine ganz himmlische Musik.

Ein Gast saß in seinem Bett und schaute immer wieder erstaunt um sich. Dann guckte er unentwegt in eine bestimmt Ecke. Ich fragte, ob denn jemand da sei. Ja, ob ich denn die vielen Menschen im Raum nicht sehe? „Nein, leider kann ich die nicht sehen, Herr P. Bitte erzählen Sie mir doch, wer alles da ist." Darauf zählte er sie alle auf, zum Schluss seine Eltern, die an seinem Bett standen.

Oft wird in diesem Zusammenhang von Halluzinationen gesprochen. Aber ich glaube nicht, dass es sich um Halluzinationen im eigentlichen Sinne handelt. Ich weiß nicht, was es ist, würde es aber am ehesten als Visionen bezeichnen. Dabei ist der Wunsch, etwas zu bezeichnen auch nur der Wunsch nach Struktur und Ordnung und nicht zuletzt auch Erkenntnis, aber wir müssen wohl auch damit leben, dass wir nicht alles erkennen können und nicht alles Unbewusste ins Bewusstsein holen können. Jung spricht davon, dass Visionen die „Selbstwahrnehmung der Libido in Gestalt von Symbolen"[113] sind. Dabei bedeuten die verstorbenen Verwandten ja Heimat und Beziehungskontext des sterbenden Menschen, Beziehungskontext, der nicht mehr im Außen zu finden ist, sondern vielmehr verinnerlicht wurde.

„Koffer packen" gehört in den Kontext einer Reise, und von alters her wird der Tod auch als eine Reise ohne Wiederkehr angesehen. Die Tatsache, dass dazu ein Festgewand vonnöten ist, weist auf ein Fest, auf etwas Freudiges hin, möglicherweise sogar auf den Hierosgamos, die heilige Hochzeit, die Verbindung der Gegensätze, im christlichen Kultraum als das Eingehen des Menschen in Gott. „Angesichts der Tatsache, welche zentrale Bedeutung dem Thema Mysterium Coniunctionis (vgl. Jung, GW 14) in der Analytischen Psychologie zugemessen ist, symbolisiert der Hierosgamos Erfahrung und Ziel menschlicher Reifung in Gestalt der Individuation als Prozess der Selbst-Werdung."[114]

Hier begegnet uns die Vorstellung, dass der Tod im Grunde der Übergang zu der großen Vereinigung ist, der Weg in etwas Neues, Verwandeltes.

---

[113] Jung, GW 5, § 255.
[114] Müller/Müller, Wörterbuch der analytischen Psychologie, S. 169 f.

Frau M. war eine Frau, die ihren letzten Weg sehr bewusst ging. Ihre Freundin, eine Ordensfrau, und ihre Familie wachten an ihrem Sterbebett. Sie hatte bei einem befreundeten Priester gebeichtet und die Krankensalbung empfangen. Sie war vorbereitet. Auch sie war in einem veränderten Bewusstseinszustand. Sie kämpfte sehr, atmete immer wieder auf eine kaum zu beschreibende Art, so als ob sie sich durch etwas hindurch pressen müsste, was mich an eine Gebärende denken ließ. Alles, was vorging, ließ mich an Geburt denken, eine Geburt, in der das Kind am entscheidenden Punkt zurückschreckt vor etwas. Dabei war Frau M. sowohl die Gebärende als auch das Kind, das zurückschreckt. Als ob es an einer Stelle dieses Geburtskanals etwas ganz Schreckliches gibt. Sie lag lange so. Die Freundin machte sich Sorgen und wollte sie gern unterstützen. Ich erzählte ihr von meiner Wahrnehmung. Sie verstand sofort, was ich meinte und sagte: „Wir sind oft in Exerzitien gewesen. Meine Freundin hat dabei immer wieder Teufelsvisionen gehabt. Ihr Exerzitienmeister hat ihr beigebracht, wie sie damit umgehen soll. Sie hat das hier auch getan, aber sie hat jetzt nicht mehr die Kraft und das Bewusstsein dazu." Ich machte ihr den Vorschlag, doch zu versuchen, Christus zu visualisieren, der die Freundin abhole. Es konnte eventuell eine Hilfe sein.

Ich konnte immer wieder die Erfahrung machen, dass sowohl die Visualisierung von Licht oder Christus hilfreich für den Sterbenden war (möglicherweise mache ich mir dabei aber auch nur etwas vor und ich gehöre auch zu denen, die immer noch etwas tun müssen und es nicht aushalten können, nichts zu tun).

Außerdem bat ich unseren Hospizpfarrer, noch einmal die Krankensalbung zu spenden, in vollem Ornat, mit allem Reichtum des Rituals, so dass es bei all ihren Sinnen ankam.

Was die Vorstellung eines Geburtsvorgangs angeht, so gehört „zu den archetypischen Motiven, die den Vorgang des Todes antizipieren [ ] auch das Bild eines dunklen, engen Geburtsweges."[115]

Die Kraft der Rituale

Bis 1955 hieß die Krankensalbung „Letzte Ölung" oder man sprach auch von „den Heiligen Sterbesakramenten" oder den „Tröstungen der Kirche", die Buße, Kommunion und Ölung beinhalten. Sie wurde nur einmal gespendet

---

[115] Von Franz, Traum und Tod, S. 79.

und zwar wenn ein Mensch tatsächlich im Sterben lag oder auch erst, wenn er gerade verstorben war. Damit übernahm dieses Ritual am Ende des Lebens etwas Ähnliches wie die Taufe am Beginn: Anfang und Ende, wie alle übrigen Übergänge des Lebens überhaupt, werden in einen größeren Zusammenhang hinein genommen und verweisen damit über sich hinaus. „Rituale haben die Funktion, auf das Numinose und das Mysterium einzustimmen und hinzuführen."[116]

Rituale vermitteln jedoch auch auf einer sehr niederen Ebene bereits Sicherheit. Jeder kennt Einschlafrituale von kleinen Kindern. Da muss alles genau stimmen, wie ein gut einstudiertes Theaterstück. Beim Übergang in die Nacht muss alles jeden Abend gleich sein, ausziehen, waschen, Gute-Nacht-Geschichte, die Art und Weise wie ins Bett gesprungen wird, wer die Geschichte vorliest, ob die Tür geschlossen wird oder offen bleibt, all das wird zu einem festen Ritual. Wahrscheinlich haben wir alle viel mehr ritualisierte Handlungen in unserem Alltagsleben als wir annehmen.

Damit haben Rituale ihren Ort im Leib. Sie wirken ganzheitlich, das heißt auch, sie werden mit allen Sinnen vollzogen und aufgenommen. Bei der Krankensalbung wird das Zimmer hergerichtet, wenn möglich werden Kreuz, Kerzen und Weihwasser hingestellt. Damit ist ein besonderer Raum geschaffen. Der Priester trägt eine Stola, wodurch seine besondere Funktion als Mittler deutlich wird. Hände werden aufgelegt, was über die Haut wahrgenommen wird, eine Berührung im Außen wie im Innen ist. Das Öl, mit dem gesalbt wird, hat unter Umständen einen besonderen Geruch. Der ganze Ablauf der Handlungen stellt das Geschehen in einen besonderen Raum und ist auch noch wahrnehmbar für Menschen, die nicht mehr ganz in der irdischen Welt sind, sei es, weil sie dement sind oder dass sie bereits den Zwischenraum betreten haben. Damit haben Rituale eine ausgesprochen symbolhafte Wirkung, sie sind nicht ganz im Außen, aber auch nicht ganz im Innen anzusiedeln. Sie öffnen damit einen eigenen Raum, einen, in dem Unbewusstes sichtbar werden kann, in dem es bewusst werden kann, einen Raum von Ganzheit, in dem „alles gut ist".

Im Krankenhaus ging es einem Patienten Anfang fünfzig auf Grund einer akuten inneren Blutung vor dem Hintergrund einer weit fortgeschrittenen Leberzirrhose plötzlich und unerwartet sehr schlecht. Es war eine ziemliche Hektik, in der er zu mehreren Untersuchungen gefahren wurde um Abzuklären, ob eine Operation möglich war. Ich wusste, wie schlecht es um ihn stand, durfte aber als Krankenschwester weder mit ihm darüber sprechen, noch seine Frau anrufen. Das einzige, was ich konnte, war seinem Blick standhalten. Schließlich war klar, dass er nicht operiert werden

---

[116] Müller/Müller, Wörterbuch der analytischen Psychologie, S. 359.

konnte und ich durfte die Frau anrufen. Ich fragte ihn, ob ich einen Priester rufen dürfe, was er bejahte. Schließlich traf die Frau ein. Sie stand am Bett und sagte, „ach, das wird schon wieder. Pass auf, morgen geht es dir besser." Er setzte mehrfach an und sagte ganz deutlich, „ich sterbe", aber sie hörte nicht hin. Schließlich mischte ich mich ein und sagte, „Ja, Herr G., sie sterben." Zu diesem Zeitpunkt war der Priester bereits eingetroffen. Er fragte Herrn G., ob er ihm die Krankensalbung spenden dürfe und begann mit der heiligen Handlung. Wir alle in dem Zimmer wurden hinein genommen in das, was geschah, stimmten in die Gebete ein und alle Hektik und Unruhe verschwand, die Eheleute konnten sich in die Augen sehen und sich verabschieden. Plötzlich war eine große Stille da, ein „so ist es", ein Frieden, in dem der Mann gehen konnte.

Ein Ritual oder auch schon eine ritualisierte Handlung gibt außerdem Sicherheit und ist von daher besonders in solchen Situationen hilfreich, die sehr fremd, Angst machend und neu sind, wie es das Sterben ja ist. Da reicht es möglicherweise, wenn ich eine Kerze anzünde am Bett eines Sterbenden, damit die etwas demente Ehefrau begreift, dass ihr Mann im Sterben liegt. Das Handkreuz in der Hand eines Sterbenden übernimmt dann eine ähnliche Funktion, wie wir es bei kleinen Kindern vom Übergangsobjekt kennen. Das Kreuz in der Hand kann Kraft und Halt und Orientierung geben.

Das Oberhaupt einer italienischen Familie lag im Sterben. Die ganze Familie war da, Ehefrau, Schwester, Söhne und Töchter, sowie die Schwiegerkinder und Enkel. Die Ehefrau lag fast komplett auf dem Oberkörper des Mannes, hielt ihn fest. Das Zimmer war voll und es herrschte eine gespannte Atmosphäre an der Grenze zur Hysterie. Die Menschen waren einfach hilflos. Sie wussten nicht, was tun. Meine Kollegin und ich versuchten, dem Mann Luft zu verschaffen, die Angehörigen in Bahnen zu lenken, aber wir verstanden nicht italienisch und sie sprachen kein deutsch. Ich sah das Kreuz als Anhänger am Hals der Schwester und einer Eingebung folgend begann ich laut mit „Padre nostro" und alle stimmten ein, das „Vater unser" zu beten, die Schwester holte ihren Rosenkranz heraus und es schloss sich das „Ave Maria" an. Plötzlich hatte sich die Energie im Raum einen Ausweg geschaffen, ließ dem Vater Platz – zum Sterben.

Im Rahmen des Hospizes hatten wir das Wissen um die Kraft der Rituale dahingehend genutzt, dass wir eigene Rituale und rituelle Handlungen entwickelten, indem wir zum Beispiel eine große Kerze im Eingangsbereich entzündeten, wenn jemand verstorben war. Sie brannte, solange der Tote im Haus war. Eine ganz eigene Wirkung entfaltete die Aussegnung. Es ist eine Feier im Zimmer des Verstorbenen mit allen, die ihm nahe gestanden haben, was auch hieß, dass sowohl Schwestern als auch andere Gäste des Hauses daran teilnehmen konnten. Der Verstorbene war gewaschen, gekleidet und aufgebahrt. Wobei es besonders den Pflegekräften immer wieder gelang, das, was sie als das ganz Eigene des Gastes erlebt hatten, in der Art und Weise der Aufbahrung zum Ausdruck zu bringen. Die Aussegnung hatte manches Mal eher religiösen Charakter und wurde dann meistens, aber nicht immer, von einem der Seelsorger vorgenommen. Wichtig war uns, das Leben und Sterben dieses Verstorbenen in einen größeren Zusammenhang zu stellen und der Trauer der Angehörigen einen Rahmen zu schaffen, in der sie sich entfalten durfte.

Frau O. war erst Mitte vierzig. Ihr Vater hatte sie überlebt und brach während der Aussegnung an dem Totenbett fast zusammen. Die Verstorbene hatte Klangmassage und das Monochord geliebt und ich bat die Anwesenden, ein Instrument ihrer Wahl zu nehmen, um etwas, was sie mit der Verstorbenen verbunden hatte, in Töne oder Rhythmus zu fassen. Den Vater bat ich, das Monocord zu nehmen. Zunächst zögerlich, dann immer sicherer werdend, begann er zu spielen. Man spürte, wie er alles um sich herum vergaß, ganz bei sich und bei ihr war. Auch nach der Aussegnung ging er immer wieder in das Zimmer, in dem die Tochter aufgebahrt war und spielte sich seine Trauer von der Seele. So fand seine Trauer einen Weg, sich auszudrücken.

Wir haben heutzutage viel zu wenige Möglichkeiten, unseren Gefühlen nahe zu sein, es gibt kaum Ausdrucksmöglichkeiten, und auch die Trauer ist wie der Tod ins Abseits verbannt. Sie bekommt einen Raum am Todestag, bei der Beerdigung, aber danach soll alles wieder beim Alten sein. Aber...

Der Prozess geht weiter

Nicht nur die Angehörigen und Freunde sind noch eine ganze Weile mit ihrer Trauer beschäftigt, damit, dem Verstorbenen einen Platz in ihrem weiteren Leben zu geben, auch die Verstorbenen haben noch einen Weg vor sich. Mit der Feststellung des Todes durch den Arzt ist der Prozess noch nicht abgeschlossen. Die Aussegnung hatte nach meinem Verständnis daher noch

einen anderen Sinn, nämlich den, ähnlich wie im „Tibetischen Totenbuch",
dem Verstorbenen zu sagen: „Wisse, dass du tot bist."

Energetische Prozesse im Umkreis des Todes

Aber ich möchte zunächst noch einmal auf die Zeit vor dem Tod zurück
kommen, darauf, was vor sich geht, wenn diese Körper-Seele-Einheit, die
Dürckheim Leib nennt, sich trennt. Es geschah häufiger, dass in der finalen
Phase bei manchen Sterbenden ein heftiges Zittern begann, was unsere Ärzte
anfangs als Schüttelfrost deuteten, was es aber nicht war. Am ehesten erschien
es wie ein Rüttelsieb und es war ein ziemlich sicheres Zeichen, dass ein
Kranker nun nicht mehr allzu lange Zeit hatte. Ich halte es für möglich, dass
es sich dabei um eine Äußerung der Trennung handelt, obwohl dieser
Vorstellung zwangsläufig ein eher materialistisches Denken zu Grunde zu
liegen scheint. Körper, Seele und Geist sind zwar im Leben untrennbar ein
ganzer Leib, dennoch scheinen sie sich durch eine unterschiedliche
Schwingung zu unterscheiden. Gleichzeitig wechseln wir mit der Vorstellung
der Schwingung die Paradigmen und betreten ein neues Feld. Die Scheidung
der Elemente gehörte schon vor langer Zeit in den Vorstellungsraum der
Alchemie, in den Kontext des Opus Magnum, des Mysterium Coniunctionis
der Alchemie[117] sowie in den Bereich von Individuationssymbolik und Mys-
tik.[118] Jung zitiert Dorneus, indem er sagt: „Das Heilmittel entsteht eben aus
dem Mercurius, jenem Geist, von dem die Philosophen sagen: (…) ‚(Nehmet
den alten schwarzen Geist und zerstöret und quälet die Körper, bis sie sich
wandeln). Das Zerstören der Körper wird auch als Kampf dargestellt. (…)
Dieser Kampf bedeutet die separatio [Abtrennung], divisio [Teilung],
putrefactio [Fäulnis/Verwesung], mortificatio [Abtötung] und solutio
[Auflösung]…'"[119] Insofern hätte das Mysterium coniunctionis seine Parallele
in dem realen Sterben eines Menschen.

---

[117] Die Alchemie ist ein alter Zweig der Naturphilosophie und wurde im 18.
Jahrhundert nach und nach von der modernen Chemie und Pharmakologie
abgelöst. Oft wird angenommen, dass es den Alchemisten in erster Linie um die
Herstellung von Gold ging Die großen Alchemisten sahen die Umwandlung in
Gold aber eher als Nebenprodukt einer großen inneren Wandlung (Vgl. Wikipedia,
„Alchemie". Online im Internet: http://en.wikipedia.org/wiki/Alchemie (letzter
Zugriff am 6. 1. 2012).

[118] Vgl. von Franz, Traum und Tod, S. 14.

[119] Jung, GW 13/II, § 159.

Zwei einander ähnliche weitere Wahrnehmungen will ich noch schildern und dann versuchen, diese Erlebnisse in einen Gesamtzusammenhang zu bringen:

Ich kam nach der Übergabe in ein Sterbezimmer, eigentlich mehr, um zu schauen, wie der Krankenpflegeschüler mit der Situation zurecht kam. Im Zimmer waren außer dem Sterbenden noch zwei oder drei Verwandte und der Pflegeschüler, der am Bett des Sterbenden saß. Ich ging zu dem jungen Mann, schaute auf den Kranken, ob alles so weit in Ordnung war und ließ dabei meine Hand in geringem Abstand über der Haut des Sterbenden den Arm hinunter wandern. Dabei nahm ich eine Energie wahr. Der Pflegeschüler hatte seine Hand auf dessen Arm gelegt und ich hatte den Eindruck, dass er ihn sehr festhielt. Daher bat ich den Schüler, seine Hand darunter zu legen. Er tat es und wurde auf einmal mit mir Zeuge, wie sich etwas, das sich fast anfühlte wie leichter Strom zunächst verstärkte und dann aus der Hand zurück zog, während Herr R. seinen letzten Atemzug machte. Der junge Mann war völlig aus dem Häuschen und ich konnte ihn nur noch mit Mühe auf „gleich, vor der Tür" vertrösten. Draußen platzte es dann nur so aus ihm heraus, „das kann man ja richtig spüren."

Ja, man kann das Gehen des Lebens richtig spüren, manchmal. Es hatte eine Weile gebraucht, bis ich mir diese Wahrnehmung nicht mehr mit eingeschlafenen Armen, Nervenreizungen und Täuschungen erklärte, sondern registrierte, dass es da etwas gab, von dem ich noch nie gehört hatte, was ich aber immer wieder erlebte. Hier war es zum ersten Mal, dass ich dabei nicht allein war. Ich weiß, dass meine Kolleginnen manches Mal etwas Ähnliches erleben mussten. Dann kamen sie aus dem Sterbezimmer und sagen, „das hat richtig gebizzelt."

Im Zusammenhang meiner leibtherapeutischen Ausbildung hatte ich gelernt, genauer zu spüren und meinen Wahrnehmungen zu trauen. Es kam auch vor, dass ich dann, wenn das Sterben besonders lang dauerte und wir uns fragten, was denn noch halte und warum der Kampf so lang geht, begann, die Aura des Sterbenden mit meinen Händen abzutasten. Meistens gab es so etwas wie einen Energiestau im Herzraum, den ich versuchte, wieder in Fluss zu bringen. Wer kann schon sagen, ob es Erfolg hatte oder nicht?

Ein Fall wird mir aber immer in Erinnerung bleiben:

Der alte Mann lag bereits tagelang in der Finalphase, wir konnten kaum begreifen, dass er noch immer lebte. Seine Frau hatte große Angst vor dem Tod und wagte sich nicht mehr ins Sterbezimmer. Wenn sie kam, hielt sie sich im Wohnzimmer auf. Er lag mutterseelenallein in seinem Zimmer, da er auch nicht wollte, dass jemand an seinem Bett saß. Nicht nur er hatte seine Not, auch wir Schwestern hatten sie damit, dass er so mutterseelenallein war und damit, dass er sich so lange zu quälen schien. Nach Absprache mit einer Kollegin ging ich schließlich ins Zimmer. Wie schon oben beschrieben begann ich im Abstand von vielleicht 20 cm über seinem Körper mit meinen Händen zu spüren. Über seinem Herzraum war eine geballte Energie festgehalten. Aus der Tiefe tauchte ein Impuls in mir auf und ich begann zu summen und es formte sich eine kleine Melodie – wie ein Wiegenlied – und Worte dazu „komm, komm“. Dabei ließ ich meine Hände über seinem Herzchakra im Uhrzeigersinn kreisen. Seine Atmung wurde ruhiger, langsamer, die Atempausen größer. Er hörte ganz auf zu atmen, was mich zunächst so erschrecken ließ, dass ich mit allem auch aufhörte. Er atmete wieder. Ich fasste mir ein Herz und summte weiter, während meine Hände kreisten. Nach wieder einer kleinen Weile hörte er auf zu atmen. Plötzlich hatte ich das Gefühl, als ob etwas frontal in mich hinein ginge und dann in tausend kleine Stückchen zerbricht und in mir zu Boden rieselt. Der alte Herr war gestorben und ich hatte den Eindruck, dass dabei eine mit ihm verbundene Energie durch mich hindurch ging.

Es fällt mir schwer, diese Erlebnisse in vorhandenes öffentliches Wissen einzuordnen. So viel ist sicher, sie scheinen mit Energie und Leben, mit Lebensenergie zusammen zu hängen. Aber weder Medizin noch Physik wissen etwas davon. C. G. Jung scheint besonders in seinen Überlegungen über das Wesen des Psychischen auf ähnliche Schwierigkeiten gestoßen zu sein: „Obschon ich durch rein psychologische Überlegungen dazu gelangt bin, an der nur psychischen Natur der Archetypen zu zweifeln, so sieht sich die Psychologie aber auch von den Ergebnissen der Physik dazu gezwungen, ihre bloß psychischen Voraussetzungen zu revidieren.“[120] Weiter schreibt er, „gewisse Anzeichen sprechen dafür, dass psychische Vorgänge in einer energetischen Relation zu der physiologischen Grundlage stehen. Insofern es sich um objektive Ereignisse handelt, lassen sich diese nicht anders deuten denn als energetische Vorgänge, das heißt, es will uns nicht gelingen, trotz der Unmessbarkeit psychischer Vorgänge die Tatsache wahrnehmbarer, durch die Psyche bewirkter Veränderungen anders denn als energetisches Geschehen zu begreifen… An die Stelle der exakten Messung von Quantitäten tritt in der Psychologie eine schätzungsweise Bestimmung von Intensitäten, wozu die Gefühlsfunktion (Wertung) benützt wird. Letztere vertritt in der Psychologie die Stelle des Messens in der Physik. Die psychischen Intensitäten und ihre

---

[120] Jung, GW 8, § 440.

graduellen Unterschiede deuten auf quantitativ charakterisierte Vorgänge hin, welche aber direkter Beobachtung, respektive Messung, unzugänglich sind. Während die psychologische Feststellung im Wesentlichen qualitativ ist, besitzt sie aber auch eine sozusagen latente ‚physikalische‘ Energetik, denn die psychischen Phänomene lassen einen gewissen quantitativen Aspekt erkennen.“[121]

Legt man außerdem die Erkenntnisse der Heisenbergschen Unschärferelation zu Grunde, die Jung gerade in seinem Briefwechsel mit Pauli in seine Überlegungen einbezog, dann ist es nahe liegend, dass es Erscheinungen gibt, die im Grenzbereich eben nicht mehr eindeutig einzuordnen sind. Das ist eine negative Formulierung, der ich gern eine positive gegenüberstellen möchte, nämlich die von Hans-Peter Dürr: „Der scheinbare Widerspruch zwischen dem Teilchen- und dem Wellenbild wurde von Heisenberg mit der Formulierung seiner Unschärfe-Relation (Unbestimmtheitsbeziehungen) in gewisser Weise ‚aufgeklärt‘, aber nur durch den für viele nicht annehmbaren Preis, eben einer *prinzipiellen Unschärfe*.(...) Die Bezeichnung ‚Unschärfe‘ im Falle der Quantenmechanik macht nämlich nicht genügend deutlich, dass hierbei mit Unschärfe *nicht* ein Mangel betont werden soll, sondern im Gegenteil dies die Folge eines viel innigeren Zusammenhangs zwischen dem räumlich Gegenwärtigen ist, bei dem in umfassenderer und intimerer Weise ‚alles mit allem‘ zusammenhängt, und dies auf einer Zusammengehörigkeit und nicht auf einer Wechselwirkung beruht. Die ‚Unschärfe‘ ist *Ausdruck einer holistischen, einer ganzheitlichen Struktur der Wirklichkeit.* (…) Wir erfahren diese *Komplementarität* in unserem täglichen Leben, wenn wir versuchen, eine Konzentration oder Fokussierung auf ein Detail gleichzeitig mit der Wahrnehmung von Beziehung und Gestalt in Einklang zu bringen. Gerade beim Lebendigen wird überdeutlich, dass das Ganze in einem sehr komplexen Sinne mehr ist als die Summe seiner Teile.“[122]

Die Zeit danach

Wissen wir, was in dem Moment geschieht, in dem der Mensch tatsächlich stirbt, dem Moment, in dem die Zeit aufhört, Zeit zu sein, dem Moment, in dem sich auf dem Gesicht des Sterbenden ein strahlender Ausdruck beginnt auszudehnen – ein Prozess, der noch über Stunden, manchmal Tage, fortschreitet. Auch in der Zeit nach dem letzten Atemzug geht der Prozess des Sterbens weiter. Möglicherweise müsste man ihm einen anderen Namen geben, denn es scheint eine Grenze überschritten, bei der es kein Zurück

---

[121] Jung, GW 8, § 441.
[122] Dürr, Auch die Wissenschaft denkt nur in Gleichnissen, S. 15 f.

mehr gibt und der Prozess könnte – von der anderen Seite aus betrachtet – ein anderer sein.

Einige Angehörige berichteten von einer Anwesenheit, von einer Energie im Raum, wenn sie mit dem Toten im gleichen Raum waren. Im Hospiz war es üblich, dass die Verstorbenen noch 24 Stunden in ihrem Zimmer aufgebahrt blieben. Viele Angehörige nutzten die Zeit, um sich in einem weiteren Schritt zu verabschieden.

Ab und zu gab es aus dem Zusammenhang unterschiedlicher spiritueller Orientierungen genaue Vorstellungen dafür, wie wir den Verstorbenen aufbahren sollten. Da gab es einen Kroaten, der mitten im Zimmer liegen musste, damit die Trauernden um das Bett herum gehen konnten. Bei der Angehörigen der Rosenkreuzer wurde Wert darauf gelegt, dass die Verstorbene möglichst lange nicht bewegt wurde, damit die Seele alle ihre guten Tagen einsammeln konnte. Manchmal kam es vor, dass ein Angehöriger das Fenster nach dem letzten Atemzug öffnete, damit die Seele davon fliegen konnte.

Zum Abschied der Angehörigen gehörte auch, dass wir ihnen die Möglichkeit gaben, meistens gemeinsam mit einer Schwester des Pflegepersonals, die Verstorbenen zu waschen, anzukleiden und aufzubahren. Hier konnte nun wirklich mit beiden Händen begriffen werden, manchmal voll Scheu, oft zärtlich und behutsam.

Irgendwann ist dann endgültig die Zeit des Abschieds gekommen. In der Zeit bis zur Beerdigung kann man erkennen, dass sich der Verstorbene immer weiter verändert. Man bekommt den Eindruck, die Persönlichkeit verlasse immer mehr den Körper. Eine Weile sind die Zurückbleibenden noch in einem Kontakt, spüren den geliebten Menschen um sich. Aber dann ist es notwendig, ganz loszulassen, wie Menschen, die sich an einer Wegkreuzung verabschieden, und jeder geht in eine andere Richtung weiter.

Ken Wilber beschreibt in Anlehnung an den tibetischen Buddhismus die weiteren Stufen der Entwicklung, die Bardos, die den Zeitpunkt festlegen, an dem wir im westlich-medizinischen Kontext den Tod feststellen.[123] Obwohl ich aus meiner unmittelbaren Erfahrung nichts dazu sagen kann, möchte ich ihn hier zitieren: „In diesem Moment erblicken alle fühlenden Wesen zum ersten Mal den Bardo des klaren Lichts einer Wirklichkeit, die nichts anderes ist als der GEIST selbst... Und hier zeigt sich, warum Meditation und spirituelle Arbeit so wichtig sind. Folgt man dem Tibetischen Totenbuch, so können die meisten Menschen diesen Zustand nicht als solchen erkennen. Ihre Seele hat nicht genug Tugend und Weisheit gesammelt. Mit christlichen Worten, sie kennen Gott nicht, und daher erfassen sie nicht, dass Gott ihnen direkt ins

---

[123] Wilber, Tod, Wiedergeburt und Meditation, in: Transpersonale Psychologie, S. 72.

Gesicht schaut, dass sie ganz eins sind mit ihm." Deshalb fliehe die Seele Gott und die weiteren Bardos sind im Grunde der Weg der Reinkarnation. Allerdings gibt es auf allen Stufen die Möglichkeit der Erkenntnis.

Der christliche Glaube spricht von einer Auferstehung der Toten:

> „Welches Aussehen
> werdet ihr als Auferstandene haben?
> In welchem Alter werdet ihr auferstehn?
> Als Kind? Wie lächerlich! −
> Als greiser Mensch? Wie traurig! −
> Die Antwort ist sehr einfach.
> Ihr werdet mit dem Antlitz eures
> Herzens auferstehen,
> mit der Reife eurer Liebe."
> *Louis Evely*

C. G. Jung meint, „wenn wir annehmen, dass es „dort" weitergeht, so können wir uns keine andere Existenz denken als eine psychische; denn das Leben der Psyche bedarf keines Raumes und keiner Zeit."[124] „Ob nun das, was weiter existiert, in sich selber bewusst ist, wissen wir ebenso wenig."[125]

In dem Film „Nokan. Die Kunst des Ausklangs" des japanischen Regisseurs Tsutomu Yamazaki sagt der Mensch, der im Krematorium die Verbrennungsanlage bedient, zu dem zurückbleibenden Sohn der Verstorbenen: „All die Jahre dachte ich oft, dass der Tod ein Tor ist. Sterben ist nicht das Ende. Man geht hindurch und weiter zum Nächsten. Es ist ein Tor und als Torwächter habe ich viele auf den Weg geschickt."

Wie wir es auch drehen und wenden − wir wissen es nicht, wie es weiter geht. Am Ende des Nachdenkens über das Sterben bleiben neben mancher Erkenntnis vor allem viele offene Fragen zurück, Fragen, die auf unterschiedliche Art schon immer die Menschheit bewegten.

Mich hat die Begegnung mit dem Sterben vor allem etwas über das Leben selbst gelehrt. Wir haben nur das Jetzt, um unsere Sinne zu benutzen, um zu schmecken, zu hören, zu fühlen, zu sehen. Es hat mich gelehrt, das Leben wahrzunehmen in seiner großen Vielfalt, mich ihm zu öffnen mit meinem ganzen Herzen.

---

[124] Jung, Erinnerungen, Träume, Gedanken, S. 348.
[125] Ebd., S. 351.

Abschließen möchte ich jedoch mit einem Zitat von Rainer Maria Rilke: „Ich möchte Sie, so gut ich es kann, bitten, Geduld zu haben gegen alles Ungelöste in Ihrem Herzen und zu versuchen, die Fragen selbst lieb zu haben, wie verschlossene Stuben und wie Bücher, die in einer fremden Sprache geschrieben sind. Forschen Sie nicht nach Antworten, die Ihnen nicht gegeben werden können, weil Sie sie nicht leben könnten, und es handelt sich darum, alles zu leben. Leben Sie jetzt die Fragen. Vielleicht leben Sie dann allmählich, ohne es zu merken, eines fernen Tages in die Antwort hinein. "[126]

---

[126] Rilke, Sämtliche Werke, S. 55.

Um gut leben zu lernen,
muss man zunächst
gut sterben lernen
Sokrates

Literaturverzeichnis

Aulbert/Zech (1997): *Lehrbuch der Palliativmedizin*. Stuttgart, Schattauer.

Bauer, Joachim (2006; 11.Aufl.): *Warum ich fühle, was du fühlst*. Hamburg, Hoffmann und Campe.

Bausewein/Roller/Voltz (2004; 2. Aufl.): *Leitfaden Palliativmedizin*. München, Urban und Fischer.

Bickel, Lis/Tausch-Flammer, Daniela (1998): *In meinem Herzen die Trauer*. Freiburg i. Brsg., Herder.

Brück, Michael von (2007): *Ewiges Leben oder Wiedergeburt?* Freiburg i. Brsg., Herder.

Chytroschek, Tristan/Daub, Falko/Rosenberg, Martin/Walter, Isemni (2005): *Unser tägliches Sterben*, Köln, WDR 2005. Online im Internet: http://www.wdr.de/tv/quarks/global/pdf/Q_Sterben.pdf [Stand 19. 07. 2012].

Domin, Hilde (2006; 11. Aufl.): *Gesammelte Gedichte*. Frankfurt a.M., S. Fischer.

Dürr, Hans-Peter (2009; 6. Aufl.): *Auch die Wissenschaft spricht nur in Gleichnissen*. Freiburg i.Brsg., Herder Verlag.

Dürckheim, Karlfried Graf
> (2009): *Vom doppelten Ursprung des Menschen*. Rütte, Johanna Nordländer Verlag.
> (1989): *Überweltliches Leben in der Welt*, Aachen, N.F. Weitz Verlag.
> (1986): *Ton der Stille*. Aachen, N.F. Weitz Verlag.
> (1984): *Von der Erfahrung der Transzendenz*, Freiburg/Basel/Wien, Herder Verlag.
> (2009): M*editieren – wozu und wie*. Rütte, Johanna Nordländer Verlag.
> (1974): *Zen und wir*. Frankfurt a.M.: Fischer Verlag.
> (2001): *Alltag als Übung*. Bern, Huber Verlag.

Ende, Michael (1973): *Momo*. Stuttgart, K. Thienemanns Verlag.

Franz, Marie-Louise von (1999; Überarbeitete Neuauflage): *Traum und Tod*. Zürich u. Düsseldorf, Walter-Verlag.

Von Franz/Frey-Rohn/Jaffé (1980): *Im Umkreis des Todes*. Zürich, Daimon Verlag.

Hesse, Hermann (1992): *Die Gedichte*. Frankfurt a.M., Suhrkamp Verlag.

Hippius, Maria (2000): *Geheimnis und Wagnis der Menschwerdung*. Schaffhausen, Oratio.

Jacoby, Mario (2000; 3. Aufl.): *Übertragung und Beziehung in der Jungschen Praxis*. Düsseldorf; Zürich. Walter Verlag.

Janus, Ludwig (1997): *Wie die Seele entsteht*. Heidelberg, Mattes Verlag.

Jung, Carl Gustav
> (1982; 4.Aufl.): *GW 8. Die Dynamik des Unbewussten:* Olten/Freiburg, Walter Verlag.
> (2001; 2. Aufl.): *GW 5. Symbole der Wandlung*. Düsseldorf, Walter Verlag.

(1971; 14. Aufl.): *GW 6. Psychologische Typen.* Olten, Walter-Verlag.

(1981; 3. Aufl.): *GW 7. Zwei Schriften über Analytische Psychologie.* Olten/Freiburg, Walter Verlag.

(2006): *GW 11. Zur Psychologie westlicher und östlicher Religion.* Düsseldorf, Patmos.

(1984; 4., vollst. rev. Neuauflage): *GW 13/II. Mysterium Coniunctionis.* Olten, Walter Verlag.

(1980; 2. Aufl.): *Briefe II.* Olten/Freiburg, Walter Verlag.

(2009; 16. Aufl.): *Erinnerungen, Träume, Gedanken.* Düsseldorf, Patmos.

Kübler-Ross, Elisabeth (2000): *Das Rad des Lebens.* München, Droemer Knaur.

La Fata Thewes, Francia (2004): *Symptomverlauf in der Terminalphase. Eine Analyse der letzten 48 Stunden terminal kranker Patienten in der Palliativstation des Städtischen Krankenhauses München-Harlaching.* Online im Internet: http://edoc.ub.uni-muenchen.de/2462/1/La_Fata_Thewes_Franca.pdf [Stand 19. 07. 2012].

Looser, Gabriel (2009): *Die Seele ins Licht begleiten.* München, Kösel Verlag.

Kast, Verena (2009; 2. Aufl.): *Der schöpferische Sprung.* Düsseldorf, Patmos.

Mindell, Arnold (2003): *Schlüssel zum Erwachen. Sterbeerlebnisse und Beistand im Koma.* Düsseldorf/Zürich, Patmos Verlag.

Nádas, Peter (2002): *Der eigene Tod.* Göttingen, Steidl Verlag.

Ochsmann/Slangen u.a. (1997): Sterbeorte in Rheinland-Pfalz. Zur Demographie des Todes. Beiträge zur Thanatologie, Band 8, Johannes Gutenberg-Universität Mainz. Online im Internet: http://psycho.sowi.uni-mainz.de/abteil/soz/thanatologie/Literatur/heft08.pdf [Stand 27. 7. 2012].

Riemann, Fritz (1997): *Grundformen der Angst.* München, Ernst Reinhardt GmbH & Co.

Renz, Monika (2003): *Grenzerfahrung Gott.* Freiburg i. Brsg., Herder Verlag.

Rilke, Rainer Maria (2003; 14. Aufl.): *Die Gedichte.* Frankfurt a.M., Insel Verlag.

Rilke, Rainer Maria (1987): *Sämtliche Werke.* Frankfurt, a.M., Insel Verlag.

Silbernagel, Stefan/Lang, Florian (2005; 2. Aufl.): Taschenatlas der Pathophysiologie. Stuttgart, Georg Thieme Verlag.

Thews/Mutschler/Vaupel (2007): *Anatomie, Physiologie, Pathophysiologie des Menschen.* Stuttgart, Wissenschaftliche Verlagsgesellschaft mbH.

Uchiyama, Kōshō (1973): *Weg zum Selbst: Zen-Wirklichkeit.* Weilheim, Barth Verlag.

Wilber, Ken, *Tod, Wiedergeburt und Meditation.* In: Transpersonale Psychologie und Psychotherapie (2005). 11. Jahrgang Heft 2, Petersberg, Verlag Via Nova.

Xipolitas-Kennedy, Manolis (1980): *Archetypische Erfahrung in der Nähe des Todes.* Diss., Innsbruck.

Yalom, Irvin D. (2009): *Die Schopenhauer-Kur.* München, btb.

Nachschlagewerke

Müller, Lutz/Müller, Anette (Hrsg.) (2008): *Wörterbuch der analytischen Psychologie*. Düsseldorf, Patmos Verlag.
Kluge, Friedrich/Mitzka, Walther (1967; 20 Aufl.): *Etymologisches Wörterbuch der deutschen Sprache*, Berlin, Walter, De Gruyter & Co.

Fachartikel im Internet

„Alchemie", in: Wikipedia, http://www.wikipedia.org/wiki/Alchemie (letzter Zugriff am 6. 1. 2012).
„Erlanger Baby", in: Wikipedia, http://de.wikipedia.org/wiki/Erlanger_Baby (letzter Zugriff am 19. 7. 2012).
„Herztransplantation", in: Wikipedia, http://de.wikipedia.org/wiki /Herztransplantation (letzter Zugriff am 22. 6. 2011).
„Kriegstote des Zweiten Weltkrieges", in: Wikipedia, http://de.wikipedia.org /wiki/Kriegstote_des_Zweiten_Weltkrieges (letzter Zugriff am 20. 6. 2011).
„Penicilline", in: Wikipedia, http://de.wikipedia.org/wiki/Penicillin (letzter Zugriff am 25. 7. 2012).
„Umgang mit Verstorbenen", in: PflegeWiki, http://www.pflegewiki.de/wiki /Umgang_mit_Verstorbenen (letzter Zugriff am 7. 1. 2012).
„Zeitraum" im Artikel „Frühling", in: Wikipedia, http://de.wikipedia.org/wiki /Frühling#Zeitraum (letzter Zugriff am 19. 7. 2012).

Informationen im Internet

Zur Patientenverfügung: http://www.verwaltung.bayern.de/egovportlets /xview/Anlage/1928142/VorsorgefuerUnfall,KrankheitundAlter.pdf (letzter Zugriff am 19. 7. 2012).
Zu Hospiz und Palliativeinrichtungen:
http://www.wegweiser-hospiz-palliativmedizin.de/ (letzter Zugriff am 26. 7. 2012).